Quo vadis Direito de Marcas?

Quo vadis Direito de Marcas?

REFLEXÃO SOBRE A NECESSIDADE DE REDIMENSIONAMENTO DO SEU ALCANCE A PARTIR DA TUTELA DA MARCA DE PRESTÍGIO

Maria Miguel Carvalho

ALMEDINA

QUO VADIS DIREITO DE MARCAS?
REFLEXÃO SOBRE A NECESSIDADE DE REDIMENSIONAMENTO
DO SEU ALCANCE A PARTIR DA TUTELA DA MARCA DE PRESTÍGIO
AUTORA
Maria Miguel Carvalho
EDITOR
EDIÇÕES ALMEDINA, S.A.
Avenida Emídio Navarro, 81, 3D
3000-151 Coimbra
Tel.: 239 851 904 • Fax: 239 851 901
www.almedina.net • editora@almedina.net
DESIGN DE CAPA
FBA
PRÉ-IMPRESSÃO
EDIÇÕES ALMEDINA, S.A.
IMPRESSÃO E ACABAMENTO

Abril, 2023

ISBN
978-989-40-1132-3

DEPÓSITO LEGAL

ALMEDINA | GRUPOALMEDINA

Ao meu marido, Luís
e aos nossos filhos, Alexandre, Diogo e Luís

NOTA PRÉVIA E AGRADECIMENTOS

O estudo que agora se publica corresponde à Lição apresentada (e aprovada por unanimidade) para acesso ao título de Agregado, na especialidade em Ciências Jurídicas Privatísticas, na Escola de Direito da Universidade do Minho.

O júri destas provas públicas, realizadas nos dias 4 e 5 de janeiro de 2023, foi composto pela Senhora Professora Doutora Cristina Dias, Professora Catedrática da Escola de Direito da Universidade do Minho (na qualidade de Presidente) e pelos Senhores Professores Doutores Jorge Manuel Coutinho de Abreu, Professor Catedrático da Faculdade de Direito da Universidade de Coimbra; Luís Couto Gonçalves, Professor Catedrático da Escola de Direito da Universidade do Minho; Dário Moura Vicente, Professor Catedrático da Faculdade de Direito da Universidade de Lisboa; Fernando de Gravato Morais, Professor Catedrático da Escola de Direito da Universidade do Minho e Ángel García Vidal, Professor Catedrático da Faculdade de Direito da Universidade de Santiago de Compostela. A todos expresso o meu reconhecimento pela disponibilidade para integrarem o júri destas provas e, em especial, aos arguentes do *curriculum vitae*, Senhores Professores Fernando de Gravato Morais e Jorge Manuel Coutinho de Abreu; do relatório sobre o programa, o conteúdo e os métodos de ensino da unidade curricular apresentado, Senhor Professor Ángel García Vidal e desta Lição, Senhor Professor Luís Couto Gonçalves.

É igualmente devido um agradecimento ao meu marido e aos meus filhos que, com o seu constante apoio e carinho contribuíram decisivamente para cumprir este objetivo, bem como uma palavra de gratidão à Escola de Direito da Universidade do Minho, onde desenvolvo a minha atividade docente, e aos colegas que me foram auxiliando com oportunas sugestões.

ABREVIATURAS

DE REVISTAS E COLECTÂNEAS

ADI *Actas de Derecho industrial y Derecho de autor*
BFDUC Boletim da Faculdade de Direito da Universidade de Coimbra
BPI Boletim de Propriedade Industrial
CDP Cadernos de Direito Privado
CJ Colectânea de Jurisprudência
EIPR *European Intellectual Property Review*
Fordham Intell. Prop. Media & Ent. L.J. – *Fordham Intellectual Property, Media and Entertainment Law Journal*
GRUR *Gewerblicher Rechtsschutz und Urheberrecht*
GRUR INT *Gewerblicher Rechtsschutz und Urheberrecht. Internationaler Teil*
Hastings L. J. *Hastings Law Journal*
IIC *International Review of Industrial Property and Copyright Law*
IPQ *Intellectual Property Quarterly*
JO C Jornal Oficial da União Europeia (comunicações e informações)
JO L Jornal Oficial da União Europeia (legislação)
JIPLP *Journal of Intellectual Property Law & Practice*
RDComm *Rivista del Diritto Commerciale e del diritto generale delle Obbligazioni*
RDI Revista de Direito Intelectual
RLJ Revista de Legislação e Jurisprudência
ROA Revista da Ordem dos Advogados
RPC *Reports of Patent, Design and Trade Mark*
TMR *Trademark Reporter*
WRP *Wettbewerb in Recht und Praxis*

DE DIPLOMAS LEGAIS, TRIBUNAIS E OUTRAS ENTIDADES

ADPIC	Acordo sobre os Aspetos dos Direitos de Propriedade Intelectual relacionados com o Comércio (Anexo IC do Acordo que cria a Organização Mundial do Comércio)
BGH	*Bundesgerichtshof*
CPI	Código da Propriedade Industrial, aprovado pelo DL n.º 110/ /2018, de 10 de dezembro
CPI-40	Código da Propriedade Industrial, aprovado pelo Decreto Legislativo n.º 30679, de 24 de agosto de 1940
CPI-03	Código da Propriedade Industrial, aprovado pelo DL n.º 36/ /2003, de 5 de março
CPI-95	Código da Propriedade Industrial, aprovado pelo DL n.º 16/95, de 24 de janeiro
CUP	Convenção da União de Paris para a Proteção da Propriedade Industrial, de 20 de março de 1883
DM	Diretiva de Marcas (Directiva (UE) 2015/2436, do Parlamento Europeu e do Conselho, de 16 de dezembro de 2015)
DM-08	Diretiva 2008/95/CE, do Parlamento Europeu e do Conselho, de 22 de outubro de 2008
DM-88	Primeira Diretiva de Marcas, n.º 89/104/CEE
DPEC	Diretiva 2006/114/CE relativa à publicidade enganosa e comparativa
IHMI	Instituto de Harmonização do Mercado Interno
IPIUE	Instituto de Propriedade Intelectual da União Europeia
RMC	Regulamento sobre a Marca Comunitária – Regulamento (CE) n.º 207/2009, de 26 de fevereiro de 2009
RMC-94	Regulamento sobre a Marca Comunitária – Regulamento (CE) n.º 40/94, de 20 de dezembro de 1993
RMUE	Regulamento sobre a Marca da União Europeia – Regulamento (UE) 2017/1001, de 14 de junho de 2017
STJ	Supremo Tribunal de Justiça
TJUE	Tribunal de Justiça da União Europeia
TRL	Tribunal da Relação de Lisboa
UWG	*Gesetz gegen den unlauteren Wettbewerb*

Introdução

A liberdade de iniciativa económica privada e o seu corolário respeitante à liberdade de concorrência constituem a base do nosso sistema político-económico. Contudo, esta regra comporta desvios, que incluem os que decorrem da concessão de direitos privativos industriais, como sucede com o direito de marca.

O reconhecimento da tutela jurídica da marca pela atribuição de um direito exclusivo ao seu titular é, tradicionalmente, justificado, sobretudo, pela função económica de indicação de proveniência empresarial que este sinal distintivo de produtos ou serviços desempenha e que evidencia o seu valor enquanto poderoso instrumento de concorrência. Esse direito, inicialmente, apenas permitia que o titular da marca proibisse o uso e/ou o registo de um sinal idêntico ao seu para assinalar produtos iguais. Não obstante, paulatinamente, a tutela concedida foi sendo alargada, designadamente (mas não apenas) pela progressiva extensão do *ius prohibendi*, primeiro, ainda no âmbito do princípio da especialidade, aos casos de uso e/ou registo relativamente a produtos ou serviços *afins* e, mais tarde, consagrando uma exceção ao referido princípio relativamente a algumas (mas cada vez mais) marcas que granjeiam tutela jurídica mesmo perante sinais que distinguem produtos ou serviços *não semelhantes*.

Esta evolução que acentua, claramente, a proteção dos interesses dos titulares das marcas, atento o aumento das restrições que acarreta à regra da liberdade económica e de expressão dos terceiros, repercute-se na conformação dos interesses dos concorrentes, dos consumidores e do interesse público geral, suscitando a questão de determinar se ainda existem, no Direito de Marcas, limites que permitam reequilibrar de modo satisfatório os referidos interesses.

Por razões de economia, pretendemos refletir sobre a necessidade do redimensionamento do alcance do direito de marca, partindo do exemplo da tutela concedida às marcas de prestígio por o considerarmos paradigmático da referida tendência expansionista. Assim, na primeira parte desta Lição, analisaremos a proteção excecional que lhes é conferida no Direito Europeu de Marcas, referindo, brevemente, a forma como a mesma foi implementada neste domínio jurídico e procurando evidenciar o seu progressivo alargamento quer pela via legislativa, quer pela via jurisprudencial.

Constatado este alargamento e os riscos que lhe estão associados, analisaremos, na segunda parte da Lição, a questão da necessidade de um redimensionamento do alcance do direito de marca. Debruçar-nos-emos então, em especial, sobre a interpretação e aplicação das normas respeitantes à violação daquele direito, por um lado e aos limites conferidos pelo registo deste sinal, pelo outro, com o objetivo de determinar se serão suficientes para assegurar o desejável equilíbrio dos interesses envolvidos ou se se terá de ir mais além, p.e., ampliando os limites já existentes e abordando ainda a eventual possibilidade e/ou necessidade de recurso a limites externos ao Direito de Marcas (*v.g.*, concorrência desleal e os direitos e liberdades fundamentais).

Espera-se, no final, esclarecer o caminho trilhado (ou a trilhar) pelo Direito Europeu de Marcas atual.

I.
O alcance da proteção excecional conferida às marcas de prestígio

1. Fundamentos da tutela alargada e conceito de marca de prestígio

A diversificação produtiva, o constante aumento dos investimentos publicitários e o desenvolvimento de estratégias de *marketing* evidenciaram a importância económica de determinadas marcas, muito conhecidas do público em geral e com um valor comercial (*selling power*) excecional – como, por exemplo, a "Ferrari" ou a "Coca-Cola" –, expondo a insuficiência da sua tutela jurídica por força da aplicação do princípio da especialidade[1].

Efetivamente, a necessidade de proteção destas marcas não se esgota nestes casos, pois, há situações em que são usados e/ou registados sinais idênticos ou quase-idênticos a marcas muito conhecidas pelo público em geral e que gozam de um excecional valor comercial, mas para diferenciar produtos ou serviços *não semelhantes* àqueles para os quais esta última está registada. Apesar da inexistência de risco de confusão, a admissibilidade de práticas deste tipo pode prejudicar gravemente a sua capacidade distintiva e/ou atrativa, enfraquecendo-a, bem como permitir o seu aproveitamento parasitário. No primeiro caso, o uso de sinais iguais ou idênticos em produtos ou serviços não semelhantes pode gerar a *diluição* da capacidade distintiva e/ou atrativa da marca, quer por suscitar associações indesejáveis entre os produtos ou serviços assinalados pelas marcas em questão,

[1] Já tivemos oportunidade de referir desenvolvidamente esta insuficiência de proteção jurídica noutro estudo (Maria Miguel Carvalho, *Merchandising de Marcas (A comercialização do valor sugestivo das marcas)*, Almedina, Coimbra, 2003, pp. 132 e ss. e, em especial, pp. 151 e ss.), que aqui seguimos de perto, embora com atualizações.

assim desprestigiando e/ou denegrindo a marca de prestígio[2/3] ("diluição por desdouro"[4]/*dilution by tarnishment*), quer pela sua banalização[5] ("diluição por obscurecimento"[6]/*dilution by blurring*), centrando-se, fundamentalmente, na prevenção do chamado *dilutive harm*. O segundo fundamento referido – o aproveitamento parasitário ou indevido do carácter distintivo e/ou atrativo da marca de prestígio – assenta, para quem o defende, numa combinação de argumentos que têm em conta não apenas o interesse do titular da marca de prestígio (que "despendeu (...) tempo, esforço e dinheiro para criar e manter a fama da marca"[7]), mas também o

[2] Sem prejuízo das diferenças terminológicas referidas mais adiante no texto, doravante referir-nos-emos, em geral, à "marca de prestígio", dado ser esta a terminologia legal atualmente acolhida no ordenamento jurídico português.

[3] É o que sucede nos exemplos referidos por PEDRO SOUSA E SILVA (*Direito Industrial – Noções Fundamentais*, 2.ª ed., Almedina, Coimbra, 2019, p. 302 e s.) e que ilustram o dano sofrido pelo titular da marca de prestígio, caso fosse admitido o uso e/ou o registo de sinal idêntico ou semelhante à marca «Valium» (que distingue medicamentos tranquilizantes) por um terceiro para assinalar urnas funerárias ou à marca «Ferrari» para artigos pornográficos. Nestes casos, o titular da marca seria lesado "(...) e seriamente, por iniciativas deste tipo: no mínimo, porque a utilização das suas marcas em produtos com conotações desprimorosas (no caso da pornografia) ou associados a factos penosos (como a morte, especialmente tratando-se de medicamentos), contribui para desprestigiar esses sinais, danificando ou denegrindo a imagem favorável que os mesmos tenham junto dos consumidores".

[4] NOGUEIRA SERENS, "A «vulgarização» da marca na Directiva 89/104/CEE, de 21 de Dezembro de 1988 (*id est*, no nosso direito futuro)", in: *Separata do número especial do BFDUC – «Estudos em Homenagem ao Prof. Doutor António Arruda Ferrer Correia»*, 1984, Coimbra, 1995, p. 183.

[5] Socorrendo-nos, novamente, do exemplo de PEDRO SOUSA E SILVA (*ult. op. cit.*, p. 303), pense-se na hipótese de um "(...) terceiro, independente do titular da marca de perfumes DIOR, adopta[r] esta marca para assinalar computadores". O dano causado, neste caso, prende-se com a perda da capacidade distintiva e/ou atrativa do sinal por ser usado de forma tão geral.

[6] NOGUEIRA SERENS, "A «vulgarização»...", *cit.*, p. 183.

[7] Esta fundamentação da tutela conferida ao titular da *famous trademark*, como refere DAVID J. FRANKLYN ("Debunking dilution doctrine: Toward a coherent theory of the anti-free-rider principle in American Trademark Law", *Hastings L. J.*, 56 (2004-2005), pp. 117-168 (p. 141) (disponível em: https://repository.uchastings.edu/cgi/viewcontent.cgi?article=3572&context=hastings_law_journal), assenta, fundamentalmente, na ideia da internalização dos benefícios de criar uma *famous trademark*, reminiscente da teoria

objetivo do terceiro que, nada tendo contribuído para aquela, a pretende explorar, conduzindo à censura de tal aproveitamento indevido ("reaping without sowing"), considerado moralmente condenável[8]. Estes fundamentos têm suscitado um aceso debate doutrinal[9]. Por agora, e uma vez que aquela discussão, em geral[10], não se prende com a reconhecida necessidade de tutela *ultramerceológica* de determinadas marcas, é imperioso determinar, com rigor, que sinais podem ser objeto de tal proteção.

lockeana sobre a propriedade dos frutos do trabalho de cada um (cfr. JOHN LOCKE, *Two Treatises of Government*, II, Awnsham and John Churchill, London, 1968, p. 185 [27]), que, no caso, implicaria reconhecer que o titular daquela marca merece colher os benefícios económicos da marca que tornou famosa, incluindo os provenientes de licenças para produtos ou serviços não semelhantes.

[8] DAVID J. FRANKLIN, *op. cit.*, pp. 139 e s.

[9] Referindo-se, resumidamente, à discussão sobre a diluição, cfr. GRAEME B. DINWOODIE ("Dilution as unfair competition: european echoes", in: *Intellectual Property at the Edge: The Contested Contours of IP* (eds. RC Dreyfuss/JC Ginsburg), Cambridge University Press, Oxford, 2013, p.1 (disponível para consulta em http://ssrn.com/abstract=2249044). Em ambos os casos os críticos da proteção conferida contra a diluição invocam, sobretudo, o receio provocado pela extensão da tutela conferida às marcas, que referiremos mais adiante. No que respeita, em particular, à tutela contra o aproveitamento indevido do sinal, os seus opositores defendem que não existe nenhum argumento moral ou económico para conferir esta proteção, pois o Direito de Marcas não tem a ver com gerar incentivos para criar novas marcas e o *free riding* é perfeitamente aceitável do ponto de vista moral. Cfr. ROBERT G. BONE, "A skeptical view of the Trademark Dilution Revision Act", *Intellectual Property Law Bulletin of the University of San Francisco Law School*, 11 (2007), pp. 187-198 (p. 193) e ainda ANSGAR OHLY, *Free-riding on the repute of trade marks – does protection generate innovation?*, pp.7 e s. (disponíveis para consulta, respetivamente, em: https://papers.ssrn.com/sol3/papers.cfm?abstract_id=1081339 e https://papers.ssrn.com/sol3/papers.cfm?abstract_id=3223325). Para maiores desenvolvimentos sobre a celeuma que rodeia o aproveitamento indevido, v. *infra*. 3.1.

[10] A admissibilidade desta tutela *ultramerceológica* contou, porém, com várias objeções. Destacamos a de carácter socioeconómico (admitir esta proteção seria reconhecer a primazia do elemento sugestivo em detrimento dos instrumentos de concorrência baseados na qualidade e no preço); a que recusa esta tutela com fundamento na função jurídica da marca (e que é sustentada sobretudo pelos autores que defendem que a única função jurídica desempenhada pela marca é a de indicação de proveniência) e os problemas derivados da concorrência desleal. Sobre estas objeções, cfr. MARIA MIGUEL CARVALHO, *Merchandising...*, cit., pp.216 e ss., 207 e ss. e 164 e ss.

Como FERNÁNDEZ-NÓVOA referia[11], para delimitar o objeto da proteção para além da que resulta do princípio da especialidade, podem seguir-se vários critérios: quantitativos (considerando-se o grau de notoriedade[12] da marca); qualitativos (que, nalguns casos, podem ter a ver com a composição do sinal – *v.g.*, relevando apenas as marcas arbitrárias ou de fantasia[13], enquanto noutros se manifestam na exigência de que a marca possua um elevado *goodwill* ou simbolize prestígio) ou ambos.

A sua determinação, em concreto, suscitou intenso debate[14], mas grande parte da doutrina, pelo menos no nosso ordenamento jurídico[15], defende um sistema misto, exigindo-se, além de um requisito quantitativo – o "grau *especial, excepcional* da sua notoriedade"[16], também um

[11] FERNÁNDEZ-NÓVOA, *Fundamentos de Derecho de Marcas,* Editorial Montecorvo, Madrid, 1984, p. 305.

[12] Devendo, porém, ter-se presente que, como referia PINTO COELHO, "quando se fala, da *notoriedade* da marca para nela apoiar a protecção reclamada para o caso de utilização para produtos diferentes, liga-se ao termo um sentido diverso daquele que se lhe atribui quando se considera a protecção prevista no artigo 6.º *bis*" ("A protecção da marca notória e da marca de reputação excepcional", *RLJ*, ano 92.º (1959), n.ºs 3142 e ss. (n.º 3155, p 210). V., contudo, a evolução referida *infra* na nota 35.

[13] As marcas totalmente inventadas são designadas marcas de fantasia e as que, tendo um significado conhecido, são aplicadas aleatoriamente a produtos ou serviços correspondem às chamadas marcas arbitrárias. Estas últimas, do ponto de vista do carácter distintivo, são marcas *fortes*. Referindo-se às marcas fortes e às marcas débeis, sublinhando o cariz doutrinal desta classificação e a consequência da mesma no que respeita ao juízo de imitação de marcas, cfr., entre nós, LUÍS COUTO GONÇALVES, *Manual de Direito Industrial,* 9.ª ed., Almedina, Coimbra, 2022, p.217, n. 514.

[14] Para uma visão resumida das posições doutrinais seguidas em vários ordenamentos jurídicos, cfr., entre nós, LUÍS COUTO GONÇALVES, *Função Distintiva da Marca,* Almedina, Coimbra, 1999, pp. 125 e ss., n.240.

[15] LUÍS COUTO GONÇALVES, *Função Distintiva...*, cit., p. 168; MARIA MIGUEL CARVALHO, "A marca de prestígio à luz da jurisprudência comunitária", *ADI,* 33 (2012-2013), pp. 357-372 (p.358); PEDRO SOUSA E SILVA, *Direito Industrial,* cit., pp. 306 e ss. (acrescentando ainda um outro requisito – embora "não absoluto": a "individualidade acentuada" – a que nos referiremos mais adiante no texto) e, em sentido próximo, LUÍS PEDRO DOMINGUES, "Marcas notórias, marcas de prestígio e acordo ADPIC/TRIPS", in: AA. VV., *Direito Industrial,* Vol. VII, Almedina, Coimbra, 2010, pp.153-237 (pp. 186 e ss.).

[16] PINTO COELHO, "O problema da protecção da marca quando usada por terceiro para produtos não identificados nem similares", *BFDUC,* Vol. XXX (1954), pp.1-31 (p.9). Recorde-se que PINTO COELHO (*Lições de Direito Comercial,* Lisboa, 1957, pp. 423 e ss.)

requisito qualitativo – o "renome" da marca, que implicaria restringir tal proteção jurídica às *marcas de reputação excecional*[17] (*de haute renomée* ou célebres) e, parece-nos, com boas razões. Efetivamente, esta proteção – *excecional* – deve ser concedida em termos muito limitados e somente quando existam razões que justifiquem o seu reconhecimento, pois alargando-se o direito de exclusivo concedido, aumenta o risco de monopólio deste sinal[18]. Por conseguinte, cremos que a qualificação de uma marca como sendo de prestígio deverá depender do preenchimento, *cumulativo*, de requisitos de ordem quantitativa e qualitativa. O primeiro implica que a marca em questão deve ser instantaneamente reconhecida pelo grande público consumidor como sinal distintivo de produtos ou serviços[19], não se exigindo, porém, que seja mundialmente conhecida[20].

chamou a atenção para o perigo das definições legais, ponto que retomou no artigo citado, por considerar "especialmente (...) [este] ramo em que as providências da lei têm que se adaptar às circunstâncias da prática, que apresentam enorme variedade ou diversidade (...)" e, por isso, defendeu a conveniência de "enunciar na lei a fórmula marcas «de reputação excepcional» para o intérprete e o julgador se aperceberem dos limites especialmente restritos em que se pretende confinar a protecção assegurada a esta *terceira categoria* de marcas" (p. 15).

[17] Cfr. o interessante estudo de Pinto Coelho, "A protecção da marca notória...", *cit.*

[18] Tal é o que parece ter sucedido com as *famous trademarks* do direito estado-unidense e com as (entretanto chamadas) "marcas de prestígio" no âmbito do direito da UE. V. *infra* 4.1. a referência às marcas de reputação excecional ou marcas célebres e as dificuldades que o legislador europeu enfrentou na escolha desta nomenclatura, uma vez que alguns Estados-membros já concediam tutela ultramerceológica a um certo tipo de marcas, com designação diversa (como se referirá adiante, v. nota 27). Cfr. ainda Marta Cernadas Lázare, *La dilución de la marca de renombre*, Marcial Pons, Madrid, Barcelona, Buenos Aires, São Paulo, 2019, pp. 112 e s.

[19] Luís Couto Gonçalves, *Função Distintiva...*, cit., p. 168. Em sentido diferente, cfr. Américo da Silva Carvalho, *Direito de Marcas*, Coimbra Editora, Coimbra, 2004, pp. 108 e ss.

[20] O limite mínimo dessa notoriedade não tem sido, em regra, fixado. Admitindo que existam casos em que a mesma seja evidente, cfr. Pedro Sousa e Silva, *Direito Industrial...*, cit., p. 308, na esteira de Stephen P. Ladas, *Patents, Trademarks and Related Rights – National and International Protection*, Vol. II, Harvard University Press, Cambridge, Massachussets, 1975, p. 1091. Considerando apropriada uma percentagem não inferior a uma maioria qualificada de 75% ou, pelo menos, de dois terços dos consumidores do mercado em referência, Luís Couto Gonçalves, *Manual...*, cit., p. 293, n. 709.

O segundo exige que a marca goze de prestígio, quer dizer, deve contar "com um elevado grau de satisfação" ou, na hipótese de estarem em causa produtos ou serviços que não sejam de grande consumo, com "um elevado valor simbólico-evocativo"[21].

Alguns autores exigem ainda que a marca seja única e/ou peculiar[22]. Todavia, não nos parece que este requisito seja *essencial* para a definição da marca de prestígio. De uma banda, como foi assinalado por alguma doutrina alemã a propósito de decisões judiciais tudescas[23], tal exigência implicaria a recusa da proteção de marcas de prestígio, quando já estivessem registados sinais idênticos para outros produtos ou serviços[24]. De

O TJUE também tem optado por não fixar um limite (v. o n.º 25 do Ac. TJUE, de 14/9/99, proferido no proc. C-375/97, caso "Chevy" - ECLI:EU:C:1999:408), divergindo da jurisprudência alemã quanto aos casos julgados com base no direito de marcas anterior à Primeira Diretiva 89/104/CEE do Conselho de 21 de Dezembro de 1988 que harmoniza as legislações dos Estados-Membros em matéria de marcas (*JO L* 40, 11/2/1989, pp. 1-7) [DM-88], que exigia o conhecimento por cerca de 80% do conjunto da população.

[21] Luís Couto Gonçalves, *Função...*, cit., p. 169 (que adere à distinção feita por Leonini, *Marchi famosi e marchi evocativi*, Giuffrè Editore, Milano, 1991, pp. 129 e ss.). Repare-se que tal não significa, como Luís Couto Gonçalves (*op. cit.*, pp. 169 e s.) sublinha, que "os produtos ou serviços, em si mesmos, devam ter uma excepcional ou, sequer, boa qualidade objectiva", dado que "não é da qualidade dos produtos ou serviços que se trata, mas sim do particular significado que a marca representa junto do consumidor médio em ordem à satisfação, bem-sucedida, de determinadas necessidades concretas".

[22] Pedro Sousa e Silva, *Direito Industrial...*, cit., p. 308, Américo da Silva Carvalho, *op. cit.*, p.364 e, em sentido próximo, Luís Pedro Domingues, "Marcas notórias...", cit., pp. 189 e ss.

[23] Na Alemanha, nalgumas decisões anteriores à transposição da Diretiva de Marcas, o *BGH* recusou a qualificação como marcas célebres de marcas coincidentes com outras que assinalavam vários produtos, como foi o caso das marcas «Anker» e «Triumph» (cfr. Baumbach/Hefermehl, *Warenzeichenrecht*, 12.ª ed., Verlag C.H. Beck, München, 1985, p. 982 e s.). Todavia, esta linha jurisprudencial acabou por deixar de ser seguida.

[24] Schricker, "Protection of famous trademarks against dilution in Germany", *IIC*, (1980), pp. 166 e ss., que ilustra a discordância do critério seguido pelo *BGH*, nalgumas decisões, com a hipotética recusa de qualificação da marca «Mercedes» como marca de prestígio, por existirem marcas idênticas para assinalar tabaco e máquinas de escrever. Os defensores daquele requisito parecem concordar com a sua não-essencialidade. Cfr., entre nós, Pedro Sousa e Silva (*Direito Industrial...*, cit., p. 308) que reconhece não se estar "perante um requisito absoluto, pois admite-se a existência de marcas de prestí-

outra banda, embora se admita que o carácter mais ou menos forte da marca pode condicionar a existência do prestígio[25], pensamos que, como Luís Couto Gonçalves refere, "o facto de a marca ser única e fantasiosa não define a marca de grande prestígio apenas facilita o seu surgimento"[26].

Referidos os fundamentos habitualmente invocados para a fundamentação da tutela excecional das marcas de prestígio, importa agora apreciar, de forma breve, como é que essa proteção foi concretizada e, sucessivamente, ampliada.

2. A tutela das marcas de prestígio antes da sua previsão no Direito de Marcas

2.1. As vias da tutela ultramerceológica em geral

Dada a inexistência, em geral[27], de normas no âmbito do Direito de Marcas que permitissem conferir tutela para além do princípio da especialidade, a proteção que lhes foi concedida pelos tribunais partiu, por razões

gio que coexistam com outras marcas idênticas para domínios diferentes" e Luís Pedro Domingues, "Marcas notórias...", *cit.*, pp. 190 e s.

[25] No mesmo sentido, cfr. Luís Couto Gonçalves, *Função ...*, cit., pp. 170 e s. V. ainda o n.º 56 do Ac. TJUE, de 27/11/08, proferido no proc. C-252/07, no caso "Intel" (ECLI:EU:C:2008:655).

[26] Luís Couto Gonçalves, *Manual...*, cit., p. 284.

[27] As exceções, na Europa, eram os ordenamentos jurídicos escandinavos (cfr. Giannantonio Guglielmetti, *Il marchio celebre o «de Haute Renommée»*, Giuffrè Editore, Milano, 1977, pp. 137 e ss.) e a *Loi Uniforme Benelux sur les marques* (*LUB*).
Na *LUB*-1971, geralmente apontada como fonte da previsão normativa da tutela ultramerceológica da DM, o art. 13.º A, 2, dispunha que o titular da marca gozava do direito de opor-se a *qualquer uso* da marca ou de um sinal semelhante que, no tráfico económico, e sem justo motivo, fosse suscetível de causar um prejuízo ao titular da marca. Os requisitos de aplicação desta norma foram objeto de várias decisões judiciais, de que se destaca a sentença do Tribunal de Justiça do Benelux, de 1/3/75, no caso "Claeryn/Klarein", para distinguir genebra e produtos de limpeza, respetivamente (*IIC*, 7 (1976), pp. 420 e ss.). Sobre o art. 13.º, A, 2 da *LUB*-1971, cfr. C. Gielen/B. Strobel, "The Benelux Trademark Law in Europe", *TMR*, 96 (1996), pp. 543-575 (pp. 571 e ss.) e A. Braun, *Précis des Marques*, 2.ª ed., Larcier, Bruxelles, 1987, pp. 326 e ss.

de "coerência sistemática"[28], de uma interpretação progressivamente mais ampla do risco de confusão.

Tal foi conseguido, desde logo, pelo alargamento da proteção jurídica aos casos em que os produtos ou serviços assinalados pelas marcas conflituantes são *afins*. Com efeito, se a marca distingue os produtos ou serviços por referência à sua origem empresarial e a proteção que lhe é conferida é-o contra o risco de confusão, este deverá abranger, para além dos casos de identidade dos produtos ou serviços assinalados pelas marcas conflituantes, *também* aquelas situações em que, sendo os produtos ou serviços *afins*[29], o consumidor médio os possa atribuir, afinal, à mesma origem[30].

Para este resultado contribuiu também a *relativização* do conceito de *semelhança* entre as marcas em conflito – já que os tribunais de alguns ordenamentos jurídicos tendiam a considerar que "no conflito entre duas marcas, se a primeira(mente registada) fosse uma marca forte, a segunda, para não ser considerada semelhante, haveria de apresentar um grau de dissemelhança maior do que aquele que seria exigido se a marca anterior fosse fraca"[31] – e a

[28] Como refere Montiano Monteagudo, *La Protección de la marca renombrada*, Editorial Civitas, Madrid, 1995, p. 40.

[29] Sobre o conceito de afinidade, cfr. Luís Couto Gonçalves, *Manual...*, cit., pp. 260 e ss.; Maria Miguel Carvalho, "Os requisitos da imitação de marca (a propósito do caso «Super Porto»)", in: Aa. Vv., *Estudos de Direito Intelectual em Homenagem ao Prof. Doutor José de Oliveira Ascensão – 50 anos de vida universitária* (Coords. Dário Moura Vicente *et al.*), Almedina, Coimbra, 2015, pp.983-996 (pp. 984 e ss.) e Pedro Sousa e Silva, *Direito Industrial...*, cit., pp. 269 e ss.

[30] Nogueira Serens, "A «vulgarização»...", *cit.*, p.9, n.1. Sublinha-se que a referência do texto deve ser contextualizada em termos históricos e, sobretudo, enquadrada no objetivo da sua inclusão nesta Lição: demonstrar a progressiva ampliação da esfera de proteção das marcas. Concordamos, por isso, com Pedro Sousa e Silva (*Direito Industrial...*, cit., pp. 269 e s.) que considera o entendimento referido no texto excessivo e que se deve exigir sempre uma "*identidade funcional*, uma possibilidade de *uso substitutivo*, aos olhos do consumidor (...)", sublinhando que "(...) a função da marca tem aqui um papel a desempenhar, mas não pode servir para se alargarem desmesuradamente os limites da protecção conferida por lei ao titular de cada marca".

[31] Nogueira Serens, *A monopolização da concorrência e a (re)emergência da tutela da marca*, Almedina, Coimbra, 2007, p. 1222. O autor citado critica esta solução – que considera estranha (já que "[a] generalidade do público recorda, decerto, melhor e mais intensamente uma marca muito conhecida no tráfico do que uma marca pouco conhecida,

ampliação dos casos de risco de confusão, acrescentando ao risco de confusão em sentido estrito (i.e., de os consumidores puderem "tomar uma marca por outra e, consequentemente, um produto por outro"[32]) as hipóteses de, não existindo confusão quanto à proveniência ou origem dos produtos ou serviços assinalados, o público poder julgar que entre as diferentes empresas existem especiais relações económicas ou jurídicas.

Esta via de proteção – que nalguns casos implicou a relativização do conceito de afinidade[33] – não permitia, contudo, assegurar satisfatoriamente a tutela destas marcas, porque não seria possível proteger o titular da marca, por ser inviável o recurso ao risco de confusão (mesmo entendido em sentido amplo), no caso de os produtos ou serviços não serem semelhantes. Assim, inexistindo, na maioria dos ordenamentos, disposições legais no âmbito do Direito de Marcas que o possibilitassem, surgiu uma tendência para recorrer a outras vias[34], *v.g.*, o enriquecimento sem

[e] por conseguinte, será mais fácil confundir uma marca que se assemelha a outra, se esta outra for pouca conhecida do que se ela for muito conhecida") –, adiantando que a solução "lógica" e "mais conforme com os interesses dos consumidores" seria, precisamente, a inversa: "se essa marca fosse forte, o grau de dissemelhança exigido à marca conflituante seria menor do que se essa marca fosse fraca", sublinhando ainda que, procedendo-se "às avessas", alarga-se, precisamente, o âmbito de proteção das marcas fortes ("A «vulgarização»...", cit., p. 11, n. 1; *idem*, *A monopolização...*, cit., pp. 943 e s.). Sobre a relativização do conceito de semelhança dos sinais, v. nota 33.

[32] Coutinho de Abreu, *Curso de Direito Comercial*, Vol. I, 12.ª ed., 2019, p. 393.

[33] A afinidade dos produtos ou serviços dependeria do maior grau de semelhança entre os sinais conflituantes que os diferenciam e do carácter mais forte ou fraco da marca anterior (cfr. Nogueira Serens, "A «vulgarização»..., cit., pp.18 e ss., n.1). Esta relativização da afinidade verificou-se em decisões judiciais de vários ordenamentos jurídicos, inclusive em Portugal (v. *infra* nota 42), merecendo destaque a jurisprudência do TJUE (*v.g.*, Ac. de 11/11/97, proc. C-251/95, no caso "Sabel/Puma" (ECLI:EU:C:1997:528) e de 29/9/98, proc. C-39/97, no caso "Canon" (ECLI:EU:C:1998:442)), que suscitou críticas por parte de alguma doutrina, cfr., entre nós, Nogueira Serens, *A monopolização...*, cit., p.1222, n. 2400 e Pedro Sousa e Silva, *Direito Industrial...*, cit., pp. 272 e s., n. 678. Porém, concordando com a relativização, cfr. Carlos Olavo, *Propriedade Industrial*, Vol.I, 2.ª ed. atualizada, revista e aumentada, Almedina, Coimbra, 2005, pp. 106 e ss.

[34] Sobre estas vias cfr. Maria Miguel Carvalho, *Merchandising...*, cit., pp. 159 e ss. e Pedro Sousa e Silva, *Direito Industrial...*, cit., pp. 304 e s.

causa, o abuso de direito, a responsabilidade civil extracontratual, a tutela do direito ao nome, a autodisciplina publicitária e a concorrência desleal.

Atendendo, por um lado, a que exorbita do objeto desta Lição o desenvolvimento de todas as vias alternativas de proteção e, por outro, ao facto de, no nosso ordenamento jurídico, a tutela conferida às marcas de prestígio antes da sua proteção legal no âmbito do Direito de Marcas ter sido, pontualmente, conferida a partir da concorrência desleal, só nos ocuparemos, e de forma muito breve, desta última.

2.2. O recurso à concorrência desleal, em particular

O recurso às normas que reprimiam a concorrência desleal é uma solução facilmente compreensível na medida em que a tutela ultramerceológica da marca concretiza, muitas vezes, uma interseção entre o Direito de Marcas e a Concorrência Desleal[35]. Porém, dado que a aplicação deste instituto exigia, em geral, a verificação de uma relação de concorrência – que dificilmente existiria nos casos em apreço, atenta a distância merceológica dos produtos assinalados com as marcas conflituantes – o reconhecimento da desejada tutela exigiu a sua "volatização"[36] e essa tendência

[35] Isto mesmo é evidenciado pela discussão, relatada por Pinto Coelho, sobre a possível introdução de uma norma que previsse a tutela ultramerceológica das marcas de reputação excecional na CUP. Aliás, o eminente autor português começou por defender a aplicabilidade destas normas, não considerando decisivo o argumento segundo o qual não se podia falar nestas situações em concorrência ("A protecção da marca notória e o Congresso de Bruxelas de 1954 da A.I.P.P.I.", *BFDUC*, Vol. XXXI (1955), pp. 13-14). Todavia, mais tarde, acabou por abandonar esta solução, precisamente por causa das objeções que se levantavam ao enquadramento desta questão na concorrência desleal, cfr. Pinto Coelho, "A protecção da marca notória...", *cit.*, n.º3153, p. 178). Sobre o posicionamento deste autor, *idem*, "O problema da protecção da marca...", *cit.*, pp. 1 e ss.

[36] O substantivo baseia-se no verbo usado por Nogueira Serens (*A monopolização...*, cit., p. 949) relativamente à jurisprudência dos EUA. O autor citado, nas pp. 961 e s., explicita que, naquele ordenamento jurídico, "[q]uando concluíam pela existência de risco de confusão sobre a origem dos produtos, os tribunais *figuravam* uma relação-de-concorrência *ad hoc* entre o titular da marca, cuja tutela estava em causa, e o terceiro, que fazia uso de uma marca igual ou (confusamente) semelhante, para assinalar produtos afins, *relação que tinha origem no próprio comportamento deste último*".

encontrou algum acolhimento doutrinal[37] e jurisprudencial[38] em Portugal, a exemplo do que se verificou noutros ordenamentos jurídicos[39].

[37] No que respeita à doutrina nacional, para além de numa primeira fase do seu pensamento, como foi referido na nota 35, PINTO COELHO ter defendido o recurso à concorrência desleal, cfr. ainda CARLOS OLAVO, *Propriedade ...*, cit., pp. 264 e s. (que defendeu a ampliação do âmbito da proteção contra a concorrência desleal, "sob pena de haver um desajustamento da lei em face da nova realidade económica". O autor referia-se à diversificação da atividade económica das empresas que permite a confusão entre empresas distintas, sustentando que "deve (...) entender-se que pode haver concorrência desleal entre quaisquer actividades económicas que se insiram no mesmo sector de mercado, independentemente de existir entre elas qualquer relação de identidade, substituição ou complementaridade". Sobre o acolhimento jurisprudencial desta tese, v. *infra* nota 43) e ainda GONÇALO MOREIRA RATO, *La protection des marques notoires et de haute renomée au Portugal*, Université Robert Schuman, Strasbourg, 1988, pp. 86 e ss. e esp. pp. 107 e ss.

[38] Na verdade, os casos referidos no texto foram excecionais. Sobre a regra de recusar a proteção quando os produtos fossem completamente distintos, *v.g.*, a sentença do 1.º Juízo Cível da Comarca de Lisboa, de 15/11/62 e o Ac. TRL, de 3/5/63, *BPI*, 7/1963, pp. 846 e ss.

[39] *V.g.*, no Reino Unido, o caso "Kodak" (*Eastman Photographic Materials Co. V. John Griffiths Cycle Corporation*, (1898) 15 *RPC* 105, disponível para consulta em https://academic.oup.com/rpc/article/15/5/105/1584136), em que foi recusado o registo daquele sinal como marca para bicicletas, atendendo à existência da famosa marca «Kodak», registada para máquinas fotográficas.

Na Alemanha, v. o caso "4711", em que o titular desta marca, registada para artigos de cosmética e perfumaria, conseguiu proibir o uso de marca similar para assinalar meias (sobre este caso, cfr. GUGLIELMETTI, *op. cit.*, p. 75) e o caso "Odol" em que foi recusado o registo como marca para produtos de aço, atendendo à existência da marca «Odol», há muito registada e muito conhecida para pastas dentífricas (sentença do *LG Elberfeld*, de 14/9/24, *GRUR* (1924), p.204). Sobre esta última decisão – que terá inspirado a teoria da *dilution* de SCHECHTER, como se refere *infra* em 2.3. – deve ainda ter-se presente que o tribunal alemão reconheceu expressamente a não semelhança entre os produtos e a ausência de concorrência, mas, considerando que o titular da marca anterior conseguiu, após anos de utilização da marca, conferir-lhe uma especial capacidade atrativa; que, por conseguinte, teria o maior interesse em que esta não fosse diluída (*verwässert*) – o que poderia suceder se a marca pudesse ser usada por todos para designação dos seus produtos – e que o registo da marca para produtos de aço terá sido feito com o intuito óbvio de retirar alguma vantagem comercial do *selling power* da primeira, ordenou o cancelamento do registo da marca posterior *com fundamento na contrariedade aos bons costumes, decorrente da prática da apropriação dos frutos do trabalho alheio com a consciência de que o outro será ou poderá ser prejudicado.*

Foi o que sucedeu nos casos *Marlboro-Scotch Whisky*[40] e *Coke*[41], nos quais a proteção foi concedida judicialmente com base na concorrência

Refira-se ainda, no que respeita à aplicação do § 1 *UWG* 1909 às *bekannte Marke*, que a proteção conferida contra o aproveitamento indevido da boa fama da marca por um terceiro dependia da verificação de uma relação de concorrência. Não obstante, dada a não semelhança entre os produtos ou serviços de um e outro, e para flexibilizar a interpretação do requisito da concorrência, o *BGH* defendeu que se deve considerar que existe concorrência quando se verifica a possibilidade de exploração económica da marca, p.e., por licença. *V.g.*, a decisão do *BGH*, de 9/12/82, no caso "Rolls Royce" (*GRUR* (1983), pp 247 e ss. = *IIC*, 15 (1984), pp. 240 e ss.), onde estava em causa a utilização da marca «Rolls Royce» num anúncio publicitário de *whisky* da marca «Jim Beam». Esse anúncio de página inteira, a cores, publicado num semanário, consistia numa imagem em que se via, em primeiro plano, a garrafa de *whisky* da marca publicitada com dois copos cheios e dois texanos sentados no guarda-lamas da frente de um automóvel a jogar cartas. Todavia, também era visível, para além da figura de três pessoas, a parte da frente do automóvel (*Rolls Royce*) e, mais concretamente, a decoração do radiador com a figura *Spirit of Ecstasy*; o emblema com os RR parcialmente sobrepostos e a grelha do radiador (sinais registados na Alemanha). A *Rolls Royce* requereu judicialmente a proibição de tal uso e, apesar da inexistência de risco de confusão e de uso a título de marca, o *BGH* deu-lhe razão, considerando que tal uso era contrário aos bons costumes (§1 *UWG*), pois, independentemente da existência de uma relação de concorrência entre os produtos, aquela utilização visava explorar a reputação da marca «Rolls Royce» para recomendar os produtos do anunciante. Sobre o tema, cfr., entre outros, M. LEHMANN, "Unfair use of and damage to the reputation of well-known marks, names and indications of source in Germany. Some aspects of Law and Economics", *IIC*, 17 (1986), p. 754.

[40] Sentença do 16.º Juízo Cível da Comarca de Lisboa, de 5/3/81, *BPI* 10/1981, pp. 1980 e ss. Neste caso, a *Philip Morris Inc.*, titular da marca «Marlboro», recorreu do despacho do INPI que concedeu proteção à marca «Marlboro Scotch Whisky», argumentando que existia imitação do rótulo da marca de cigarros de que é titular. Apesar de esta argumentação ter sido julgada improcedente, porque os produtos assinalados pelas marcas são completamente diferentes (cigarros/*whisky*), o Tribunal acabou por obstar ao referido registo, como é referido no texto.

[41] Acórdão TRL, de 3/7/90, *CJ*, ano XV, 1990, Tomo IV, pp. 119-120. A titular da marca «Coke – The Coca-Cola Company», registada em Portugal para assinalar bebidas não alcoólicas sem malte e xaropes para preparar as mesmas, reagiu contra a concessão do registo da marca «Coke» para assinalar produtos de limpeza, higiénicos e perfumaria à Riviera – Erzangung Chemischer und Kposmetisher Produkte Robert Achremk. Apesar de, na primeira instância, não ter tido sucesso, precisamente por causa da não semelhança dos produtos marcados, acabou por conseguir o seu intento, tendo o TRL obstado ao referido registo, como é referido no texto.

desleal, não obstante, dada a não semelhança entre os produtos ou serviços assinalados com a marca, inexistir uma relação de concorrência entre os agentes.

No primeiro caso, o Tribunal sustentou que o registo da marca *Marlboro Scotch Whisky* para assinalar *whisky* tinha de ser recusado, pois, para além de constituir uma falsa indicação sobre a natureza e a qualidade dos produtos, sendo, por conseguinte, enganosa, reconheceu-se que "(...) a concorrência desleal é, no caso dos autos, manifesta e incontestável", acrescentando ainda que "(...) o aparecimento no mercado da requerida marca *Marlboro* não deixará de induzir em erro e confusão o público que será levado a concluir que os cigarros *Marlboro* e as bebidas *Marlboro* têm a mesma origem", que "(...) grandes organizações, como a recorrente, dedicam-se com frequência ao fabrico de produtos diversificados, mas de consumo complementar" e que "o uso da expressão «Marlboro» em produtos de fraca qualidade desacreditará inevitavelmente o estabelecimento, os produtos e a própria actividade industrial da recorrente"[42].

No segundo caso, a RL, apoiando-se, mais uma vez na concorrência desleal, não obstante a inexistência de relação de concorrência, conferiu proteção à marca *Coke*, impedindo o registo de um sinal idêntico para produtos completamente diferentes (*in casu* produtos de limpeza, higiénicos e perfumaria)[43].

[42] Sentença proferida no caso "Marlboro-Scotch Whisky", *cit.*, p.1981. Da argumentação seguida nesta decisão resulta, como refere Nogueira Serens ("A «vulgarização»...", cit., p. 22, n. 1), que "a afinidade dos produtos, que dá azo ao risco de confusão sobre a sua origem (....), é *condicionada* pelo *maior ou menor renome* da marca cuja tutela está em causa". Mas, como o autor citado também sublinha, "embora relativize o conceito de afinidade, o tribunal não retira daí a conclusão que se teria por inevitável", já que em vez de recusar o registo com base na existência de marca anterior conflituante, fê-lo com base na concorrência desleal.

[43] Neste caso, o TRL afirmou expressamente que "(...) as marcas da apelante e da Riviera se (...) [destinam] a assinalar produtos *diferentes* e *sem afinidade*" [itálicos nossos]) e integrou no risco de confusão as hipóteses de as marcas assinalarem produtos que não são idênticos, nem afins ("(...) hoje grandes empresas procuram diversificar a gama das mercadorias que produzem, todas sobre a mesma marca, de sorte que todas elas possam beneficiar da publicidade da empresa organizada a partir de tal marca" e, por isso, "o público consumidor não estranha que mercadorias *sem qualquer afinidade* lhe sejam apresentadas identificadas

A não verificação de um pressuposto da concorrência desleal considerado essencial[44], suscitava, como referimos, intensas críticas da doutrina[45]. Por isso, nos casos em que não existisse possibilidade de risco de confusão quanto à origem (ainda que entendido de forma ampla), nem relação de concorrência, a proteção defendida passou a fundamentar-se, sobretudo, na diluição (*dilution*, na terminologia anglo-saxónica ou *Verwässerung*, na germânica), o que acabou por conduzir, após um longo e tumultuoso processo, à aprovação das chamadas normas anti-diluição.

2.3. O recurso às normas que protegem as marcas de prestígio da diluição

Inspirado na jurisprudência alemã a partir dos anos 20 do século XX[46], FRANK SCHECHTER[47] defendeu – naquele que já foi considerado o artigo

pela mesma marca, e, neste caso, *o público consumidor acredita convictamente que todas elas são produzidas pela mesma empresa*, com idêntico nível de qualidade, todas mercadorias de igual confiança do consumidor" [itálicos nossos]). Mas, aderindo à ampliação do âmbito da concorrência desleal defendido por CARLOS OLAVO, considerou que o facto de aqueles sinais distinguirem produtos não semelhantes "não esgota todas as facetas possíveis da concorrência desleal" e que "o direito à marca não esgota a realidade da propriedade industrial", recusando o registo da marca posterior com base na concorrência desleal. Criticamente sobre esta decisão, cfr. NOGUEIRA SERENS, "A «vulgarização»...", cit., pp. 22 e ss., n. 1.

[44] A exigibilidade desta relação caracteriza o chamado modelo corporativo ou profissional que vigora, até hoje, entre nós. Não se verificou (ainda), por conseguinte, a evolução para o modelo social adotado noutros ordenamentos jurídicos, de que destacamos a Alemanha (*Gesetz gegen den unlauteren Wettbewerb vom 3. Juli 2004*) e a Espanha (*Ley* 3/1991, de 10 de *enero*, de *Competencia Desleal*). Sobre estes modelos e a evolução histórica da concorrência desleal, cfr., entre nós, entre outros, JORGE PATRÍCIO PAÚL, *Concorrência Desleal*, Coimbra Editora, Coimbra, 1965; LUÍS BIGOTTE CHORÃO, "Notas sobre o âmbito da concorrência desleal", *ROA*, 55 (1995), esp. pp. 741 e ss.; ADELAIDE DE MENEZES LEITÃO, *Estudo de direito privado sobre a cláusula geral de concorrência desleal*, Almedina, Coimbra, 2000, esp. pp. 19 e ss.; JOSÉ DE OLIVEIRA ASCENSÃO, *Concorrência Desleal*, Almedina, Coimbra, 2002, pp. 19 e ss.; ANA CLARA AZEVEDO DE AMORIM, *A tutela da lealdade nas relações de mercado – a propósito do ilícito publicitário*, Almedina, Coimbra, 2017, esp. pp.23 e ss. e LUÍS COUTO GONÇALVES, *Manual...*, cit., pp. 397 e ss. (com várias indicações bibliográficas relativas às leis alemã e espanhola, v. esp. pp. 400 e ss.).

[45] PINTO COELHO, "A protecção da marca notória...", *cit.*, n.º3153, p.178.

[46] V. a sentença proferida no caso "Odol" (referido *supra* na nota 39).

[47] FRANK SCHECHTER, "The rational basis of trademark protection", *Harvard Law Review*, 40 (1927), pp. 813 e ss. (republicado em *TMR*, 60 (1970), pp. 334 e ss.).

mais citado do direito de marcas[48] – o que viria a ser conhecido como *proteção anti-diluição*[49] para marcas *fortes*, embora não necessariamente muito conhecidas (*coined, arbitrary and fanciful trademarks*)[50], que, na sua opinião, eram prejudicadas pela dispersão gradual da identidade e fixação na mente do público da marca quando um sinal idêntico àquela fosse usado em produtos não concorrentes, entendendo que a preservação da unicidade daquele sinal distintivo deve constituir o único fundamento para a sua proteção[51].

[48] Barton Beebe, "The suppressed misappropriation origins of trademark antidilution law: the Landgericht Elberfeld's Odol Opinion and Frank Schechter's The Rational Basis of Trademark Protection", in: *Intellectual Property at the Edge: The Contested Contours of IP* (eds. Rochelle Cooper Dreyfuss/Jane C. Ginsburg), Columbia University, New York, 2014, pp. pp 59-80, disponível para consulta em https://papers.ssrn.com/sol3/papers.cfm?abstract_id=2283391), p.2.

[49] Repare-se que Schechter não a apelidou desta forma no texto citado na nota 47. Tal apenas viria a suceder, em 1936, com a publicação do seu texto "Fog and fiction in trade-mark protection" (*Columbia Law Review*, 36 (1936), pp. 60-87 (p. 65)). Por outro lado, há quem defenda que Schechter omitiu uma parte essencial da sentença proferida no caso "Odol" – a referência ao aproveitamento indevido do fruto do trabalho alheio, com consciência de que o outro vai ou pode ser prejudicado, que seria contrária aos bons costumes, cfr., Barton Beebe, "The Suppressed...", *cit.*, pp. 71 e ss.
Contra a designação "anti-dilution", cfr., por todos, Jerome Gilson, "A federal dilution statute: is it time?", *TMR*, 83 (1993), p.109.

[50] No mesmo sentido, cfr. Marta Cernada Lazáres, *op. cit.*, p. 17, que resume exemplarmente a posição de Schechter afirmando que, para este autor, "a característica que faz com que uma marca seja merecedora de uma proteção reforçada é a forma do seu carácter distintivo. Isto é, o aspeto que se há de proteger não é o renome da marca entendido como prestígio e/ou qualidade dos produtos marcados, mas a capacidade que a marca tem para que o público – consumidor – a recorde". Contestando que fossem apenas estas as marcas visadas por Schechter, cfr. Barton Beebe, "Supressed...", *cit.*, p. 19, baseando-se num dos exemplos referidos pelo autor – «Rolls Royce» – que considera uma *descriptive mark*, bem como na posição que Schechter assumiu, posteriormente, em "Fog and fiction...", *cit.*, p. 65.

[51] Entre os apoiantes desta tese destacaram-se, entre outros, Rudolf Callman, "Unfair competition without competition", *TMR*, 37 (1947), pp.175 e ss. (p.193) e Beverly W. Pattishall, "The dilution rationale for trademark – trade identity protection, its progress and prospects", *TMR*, 67 (1977), pp. 607 e ss. Contra, cfr., entre outros, George E. Middleton, "Some reflections on dilution", *TMR*, 42 (1952), pp. 175 e ss. e ainda Sergei S. Zlinkoff, "Monopoly versus competition: significant trends in patent, anti-

Não obstante, esta teoria não encontrou acolhimento ao nível federal, aquando da aprovação, em 1946, do *Lanham Act*[52], apesar de ter sido, mais tarde, prevista nalgumas legislações estaduais[53] e, a partir de 1964, sob influência do *Model State Trademark Act*[54] (preparado pela *The United States Trademark Association* [atual *INTA* (*International Trademark Association*)]), seguida por vários outros.

A proteção concedida nas referidas leis estaduais não exigia risco de confusão, nem relação de concorrência e abrangia quer a *dilution by blur-*

trust, trademark, and unfair competition suits", *Yale Law Journal*, 53 (1944), pp. 514 e ss. Na atualidade, entre os principais opositores à diluição contam-se, entre outros, Barton Beebe, "The supressed...", *cit.*; David J. Franklin, *op. cit.*, pp. 117-168; C. H. Farley, "Trademark dilution law: what's behind the rhetoric?", *Fordham Intell. Prop. Media & Ent. L.J.*, Vol. XVI (2006), pp. 101-113; Robert G. Bone, "A skepticall...", *cit.* e "Schechter's ideas in historical context and dilution's rocky road", *Santa Clara High Technology Law Journal*, 24 (2012), pp. 469 e ss. (disponível para consulta em https://digitalcommons.law.scu.edu/chtlj/vol24/iss3/2) e Sandra L. Rierson, "The myth and reality of dilution", *Duke Law & Technology Review*, 11 (2012), pp. 212-312 (disponível em: https://ssrn.com/abstract=1952671).

[52] *Act of July 5, 1946, 60 Stat. 42,* codificado no *15 U.S.C. § 1051 et seq. (15 U.S.C. ch. 22).* Não obstante, o *Lanham Act* estendeu o alcance da proteção contra o risco de confusão. Por um lado, eliminou o requisito, que constava do *Trademark Act 1905,* donde decorria a proteção contra a suscetibilidade de confusão se as marcas fossem usadas para produtos com as mesmas "descriptive properties", fazendo depender a verificação da suscetibilidade de confusão de um teste com vários fatores. Por outro lado, em 1962, o Congresso eliminou a referência à confusão quanto à origem dos produtos ou serviços e, por conseguinte, a lei passou a ser interpretada no sentido de proibir confusão quanto ao patrocínio de um produto ou serviço, em vez de confusão quanto à origem (Sandra L. Rierson, *op. cit.*, p.232 e s.).

[53] V. Massachusetts (*Act of May 2,* 1947, ch. 307, § 7a, 1947 *Mass. Acts* 300 (codificado em *MASS. GEN. LAWS ANN. ch.* 110H § 13 (West Supp. 2007)), Illinois (*Act of 24 June* 1953 *ILL Laws* 455 § 1), New York (*Act of April 18,* 1955, ch. 453, § 1, 1955 *N.Y. Laws* 466) e Georgia (aprovado em 1955 e, entretanto, alterado – *GA. CODE ANN.* §§ 106-115 (1968)). Seguiram-se outros, como é referido no texto e, em 2006, a diluição estava já prevista em 37 Estados dos EUA. Sobre a proteção nos restantes Estados, com base na *common law*, cfr. Ilanah Simon Fhima, *Trade Mark Dilution in Europe and the United States*, Oxford University Press, Oxford, 2011, p.8.

[54] A lei modelo acabou por ser revista em 1992 e após a aprovação do *Federal Trademark Dilution Act (15 U.S.C.A. § 1125(c) (West Supp. 1996)*[*FTDA*]) e da alteração deste último, em 2006 (v. *Trademark Dilution Revision Act of 2006 -15 USC §1051* [*TMDRA*]).

ring, quer a *dilution by tarnishment*[55]. Todavia, na prática, foram poucos os casos em que os tribunais concederam a referida tutela[56] e a doutrina dividiu-se quanto à sua necessidade e conveniência[57]. Esta situação só se alterou com a aprovação, em 1995, do *Federal Trademark Dilution Act* [*FTDA*] – que referiremos adiante (v. 3.2.) –, num momento em que, no Direito Europeu, já havia sido consagrada, no âmbito do Direito de Marcas, proteção contra a diluição. Vejamos em que termos.

3. O alargamento pela via legislativa

3.1. A previsão original no Direito Europeu de Marcas

A DM, aprovada em 1988, estabeleceu a tutela ultramerceológica da marca de prestígio de forma imperativa para as marcas comunitárias de prestígio[58] e em termos facultativos[59] para as marcas nacionais de prestí-

[55] Sobre estes conceitos, v. *supra* 2.1.

[56] Cfr. Pattishall, *op. cit.*, pp. 622 e s., com indicações jurisprudenciais.

[57] V. *supra* nota 51.

[58] O princípio da territorialidade que vigora no âmbito da proteção jurídica das marcas nacionais acarretou a insuficiência de a Diretiva de Marcas lograr cabalmente o bom funcionamento do mercado interno, tornando necessária a criação de um direito de marca comunitária, o que se verificou com a aprovação do Regulamento (CE) n.º 40/94 do Conselho, de 20/12/1993, sobre a marca comunitária (*JO L* 11, de 14/1/1994, pp.1-36) [RMC-94]. O direito sobre uma marca comunitária (entretanto redenominada marca da UE) podia ser adquirido por qualquer pessoa, através de um procedimento único de registo pelo então Instituto de Harmonização do Mercado Interno [IHMI] – que corresponde ao atual Instituto de Propriedade Intelectual da União Europeia [IPIUE] –, gozando de proteção uniforme e produzindo os mesmos efeitos em todo o espaço económico europeu. Sobre este regime jurídico, cfr., entre outros, Luís Couto Gonçalves/Cláudia Trabuco/Maria Miguel Carvalho, "Capítulo XI – Propriedade intelectual", in: Aa.Vv., *Direito da União Europeia – Elementos de Direito e Políticas da União* (coords. Alessandra Silveira/Mariana Canotilho/Pedro Madeira Froufe), Almedina, Coimbra, 2016, pp.647-720 (esp. pp. 692 e ss.) e J. P. Remédio Marques, *Direito Europeu das Patentes e Marcas,* Almedina, Coimbra, 2021, pp.379 e ss.

[59] Esta previsão só foi introduzida na versão final da Diretiva. Inicialmente, só constava do projeto de RMC uma previsão limitada aos produtos ou serviços não semelhantes e para um tipo muito restrito de marcas (v. art. 8.º, n.º1, al.ª b), em COM (80) 635 final, de 19/11/1980 – *Bulletin of the European Communities*, Supplement 5/80, pp. 31 e s. e p.105).

gio (arts. 4.º, n.º 3, n.º4, al.ª a) e 5.º, n.º2)[60]. Este regime – tecnicamente depurado e considerado uma pedra angular do Direito Europeu de Marcas[61] – assentou no reconhecimento que o titular da marca de prestígio, para além da proteção legal no âmbito do princípio da especialidade de que beneficia qualquer marca registada, podia ainda impedir o registo, requerer a invalidade do registo concedido e proibir o uso de sinais conflituantes com o seu, para diferenciar produtos ou serviços *não semelhantes* aos que a marca anterior assinalava, sempre que o uso da marca posterior procurasse, sem justo motivo, tirar partido indevido do carácter distintivo ou do prestígio da marca «comunitária» anterior ou pudesse prejudicá-los[62].

Deste modo, o panorama legal europeu foi alterado de forma muito significativa, na medida em que, com exceção do Chipre e da Lituânia[63], todos os Estados-membros optaram por acolher o regime previsto para as marcas de prestígio *nacionais*, ainda que, nalguns casos, de forma não rigorosamente equivalente à que resultava da Diretiva[64].

Foi o que sucedeu no nosso ordenamento, com a marca de "grande prestígio"[65] (arts. 191.º e 33.º, n.º 1, al.ª b) *ex vi* art. 214.º, n.º 1 do CPI-

[60] Regime que foi mantido na Directiva 2008/95/CE do Parlamento Europeu e do Conselho, de 22 de Outubro de 2008, que aproxima as legislações dos Estados-Membros em matéria de marcas (versão codificada), *JO L* 299, 8/11/08, pp. 25–33 [DM-08], que revogou a DM-88.

[61] Fernández-Nóvoa, "Marca", in: *Manual de la Propiedad Industrial* (Fernández-Nóvoa/Otero Lastres/Botana Agra), Marcial Pons, Madrid, Barcelona, Buenos Aires, 2009, p. 619.

[62] V. também os arts. 8.º, n.º5 e 9.º, n.º1, al.ª c) do RMC-94.

[63] V. *Study on the Overall Functioning of the European Trade Mark System*, apresentado pelo Max Planck Institute for Intellectual Property and Competition Law – Munich, em 15/2/11 (disponível para consulta em: https://www.ip.mpg.de/fileadmin/IP/pdf2/mpi_final_report_with_synopsis.pdf), p. 216.

[64] E as diferenças que subsistiram justificaram a alteração legislativa que referiremos mais adiante (v. 5.).

[65] Esta expressão, afastando-se terminologicamente da usada na DM-88, referia-se à mesma realidade factual e, talvez por isso, tenha sido eliminado o adjetivo «grande» no CPI aprovado pelo DL n.º 36/2003, de 5/3 [CPI-03]. Desvalorizando, igualmente, esta diferença terminológica, cfr. Luís Couto Gonçalves, *Função Distintiva...*, cit., p. 132, n.

95)[66] e com a marca de prestígio, no Código da Propriedade Industrial que se lhe seguiu[67] (v. arts. 242.° e 266.°, n.° 1, al.ª a) e n.° 2 do CPI-03).

Com efeito, nestes diplomas legais estava previsto o impedimento (relativo) de registo e a correspondente causa de anulabilidade[68], mas o mesmo não sucedia, expressamente, com a proibição de uso consagrada no, então, art 5.°, n.°2 DM-88, abrindo espaço a alguma celeuma doutrinal. De facto, houve quem entendesse que "o nosso direito não acolheu, podendo fazê-lo, a norma facultativa do art. 5.° n.°2 da DM[-88]"[69], apesar de a maioria da doutrina ter sustentado – e cremos que com boas razões[70] – que, apesar da falta de previsão expressa, o titular da marca de prestígio tinha o direito de proibir o uso ultramerceológico, pois uma tal utilização era sancionada penal (v. arts.

243 e pp. 166 e s. e Pedro Sousa e Silva, "O princípio da especialidade das marcas. A regra e a excepção: as marcas de grande prestígio", *ROA*, 58 (1998), pp.377 e ss. (p. 428, n.129). Posição diferente foi assumida, entre nós, por Américo da Silva Carvalho, *Marca comunitária – os motivos absolutos e relativos de recusa*, Coimbra Editora, Coimbra, 1999, pp. 104, n. 2 e p.106.

[66] Aprovado pelo DL n.° 16/95, de 24 de janeiro e revogado pelo diploma que aprovou o CPI-03.

Em sentido diferente, cfr. Nogueira Serens, "A «vulgarização»...", *cit.*, p. 983, n.1983, que defende que "o nosso legislador não transpôs para a ordem jurídica nacional (...) os preceitos do art. 4.°, n.°4, alínea a), e 5.°, n.°2 da Primeira Directiva".

[67] CPI-03 que, depois de várias alterações, acabou por ser revogado pelo Código atualmente em vigor, aprovado pelo DL n.° 110/2018, de 10/12. A solução no CPI atualmente em vigor é referida *infra* v. 5.

[68] Desde que a marca de prestígio estivesse registada previamente ou tivesse sido requerido o registo para os produtos ou serviços que lhe deram prestígio (art. 190.°, n.°2 *ex vi* art. 190.° CPI-95 e art. 242.°, n.°2 CPI-03).

[69] Luís Couto Gonçalves, *Função Distintiva...*, cit., pp. 167 e s., que concluía que "no nosso direito [anterior], o titular da marca célebre beneficia[va] de uma protecção excepcional, de um *jus excludendi alios* ultramerceológico, mas não beneficia[va] de um direito de disposição ultramerceológico".

[70] Já tivemos o ensejo de nos referirmos a esta controvertida questão, criticando a sua não transposição de forma sistematicamente semelhante à da DM, fundamentalmente, pela incerteza jurídica que fomenta, por não fazer sentido proibir o registo e não proibir o uso e ainda por tal «omissão» poder vir a refletir-se negativamente nos registos de marcas em Portugal, já que se o titular de uma marca de prestígio procedesse ao seu registo como marca comunitária gozaria automaticamente dessa tutela em todo o espaço económico europeu, incluindo, portanto, Portugal. Cfr., Maria Miguel Carvalho, *Merchandising...*, cit., pp. 177 e ss.

264.º, n.º1, al.ª d) CPI-95 e art. 323.º, al.ª e) CPI-03) e civilmente (para uns, no âmbito do Direito de Marcas – v. arts.257.º CPI-95 e art.316.º CPI-03, ou, para outros, por aplicação dos arts. 483.º e/ou 1303.º, n.º2 do Código Civil)[71].

A proteção *ultramerceológica* estabelecida abarca, desde logo, a tutela legal contra a *diluição*. Com efeito, apesar de este termo nunca ser mencionado na legislação, é indubitavelmente conferida proteção quer contra a diluição por desdouro (na medida em que se permite reagir quando esteja em causa o prejuízo do prestígio), quer contra a diluição por obscurecimento (referindo-se o prejuízo ao carácter distintivo). Porém, a previsão no âmbito do Direito Europeu de Marcas vai mais além, conferindo proteção também contra o *aproveitamento indevido* do prestígio ou da capacidade distintiva da marca, excetuando-se, em todas as hipóteses, a existência de um *justo motivo*[72].

Esta opção do legislador europeu de autonomizar duas vias de proteção – uma contra atos de diluição e outra contra atos de aproveitamento indevido do prestígio ou da capacidade distintiva da marca – tem sido debatida na doutrina, incluindo a estado-unidense[73]. Com efeito, nos EUA, onde não está consagrada autonomamente a segunda via de tutela referida, há autores que, em teoria, apoiam a solução legal europeia[74],

[71] Cfr. Jorge Coutinho de Abreu, *Curso de Direito Comercial,* Vol. I, 1.ª ed., Almedina, Coimbra, 1998, p.357, Pedro Sousa e Silva, "O princípio...", *cit.*, p. 434 e ss.; Carlos Olavo, *Propriedade Industrial,* cit., pp. 77 e ss. e Jorge Novais Gonçalves, "A marca prestigiada no direito comunitário das marcas – a propósito da oposição à marca comunitária", in: Aa. Vv., *Direito Industrial,* Vol. V, Almedina, Coimbra, 2008, pp. 310-368 (p.319).

[72] Sobre este conceito, v. *infra* II., 3., 3.2.

[73] Uma explicação para este interesse da doutrina estado-unidense é avançada por Graeme Dinwoodie ("Dilution as ufair competition...", *cit.*, p. 2) que recorda a origem jurisprudencial alemã (v. caso "Odol", *cit.*) da teoria da diluição e destaca a importância que a experiência atual europeia pode ter para o desenvolvimento da mesma nos EUA. De resto, existem vários estudos de direito comparado destes ordenamentos, destacando-se o de Ilanah Simon Fhima, *Trade Mark Dilution...*, cit.

[74] David J. Franklyn, "Debunking ...", *cit.*, p.120. Este autor defende a autonomização desta possibilidade, embora em termos diferentes da europeia, que considera demasiado ampla (*op. cit.*, esp. p. 162), apresentando uma proposta para o direito estado-unidense que assenta na concessão desta tutela apenas às *coined* e às *quasi-coined trademarks* (entendendo que estas últimas incluem, parcialmente, palavras inventadas, como seria

enquanto outros a criticam por a considerarem infundada[75]. Por outro lado, não falta quem sustente que a experiência europeia sugere que os casos de diluição são, afinal, na medida em que integram os casos de aproveitamento indevido, mais genericamente, sobre concorrência desleal[76]. Por agora, importa dar conta da evolução que, entretanto, também se registou no ordenamento estado-unidense.

3.2. A previsão legal nos EUA

Nos EUA, como referimos, a proteção *anti-dilution* apenas encontrou consagração legal ao nível federal[77] em 1995, pela aprovação do *FTDA*[78], apesar das várias tentativas, já referidas, desde o famoso texto de Schechter[79]. O *FTDA* alterou o *Lanham Act* e consagrou a tutela contra a dilui-

o caso da «Google», que se baseia na palavra «googol», que significa 10^{100} [sobre a escolha da marca «Google», associada a «googol», cfr. DAVID KOLLER, "Origin of the name "Google"", em https://graphics.stanford.edu/~dk/google_name_origin.html]) e apenas quando o terceiro que quiser usar/registar um sinal conflituante não pretenda aproveitar o significado daquele termo na língua inglesa (v. *op. cit.*, pp. 164 e ss.).

[75] ROBERT G. BONE, "Skeptical view...", *cit.*, p. 189. Para este autor não há qualquer fundamentação – nem económica, nem moral – para o Direito de Marcas proteger o titular destes sinais distintivos contra o «free riding on goodwill», defendendo ser difícil imaginar um caso deste tipo em que não exista uma «razão legítima» para o uso da marca, já que se poderá sempre invocar que a utilização da marca evita a duplicação de investimento na criação das mesmas associações por parte do público e também beneficia os consumidores ao oferecer um novo produto com aqueles significado e associações, para além dos custos substanciais relativos aos litígios para o reconhecimento da diluição.

[76] Cfr. BARTON BEEBE, "Supressed ...", *cit.*; GRAEME DINWODDIE, "Dilution as...", *cit.*, p. 6 e MICHAEL HANDLER, "What can harm the reputation of a trademark? A critical re-evaluation of dilution by tarnishment", *TMR*, 106 (2016), pp. 639-692 (p.690). Sobre a relação entre o Direito de Marcas e a Concorrência Desleal relativamente aos atos de aproveitamento, cfr., entre nós, NUNO SOUSA E SILVA, *Concorrência Desleal e Propriedade Intelectual – Os atos de aproveitamento*, Almedina, Coimbra, 2020, esp. pp. 252 e ss.

[77] Não obstante, foi acolhida em leis estaduais. V. *supra* 2.3.

[78] *Federal Trademark Dilution Act of 1995* (codificado no *15 U.S.C. § 1127*).

[79] Sobre estas cfr., entre outros, BARTON BEEBE, "A defense of the new federal trademark antidilution law", *Fordham Intellectual Property, Media & Entertainment Law Journal*, 16 (2006), pp. 1143-1171 (pp. 1151 e ss.) e MARTA CERNADAS LÁZARE, *op. cit.*, pp. 42 e ss.

ção na secção 43 (c) (1), mas foi alvo de muitas críticas[80], especialmente, pelas dúvidas que suscitou quer no que respeita à admissibilidade da *dilution by tarnishment*; quer no que toca à delimitação das marcas objeto de proteção, quer ainda relativamente à prova da diluição.

Quanto à primeira, apesar de nos trabalhos preparatórios terem sido considerados os dois tipos referidos de diluição, a *FTDA* apenas se referia à perda da capacidade distintiva da marca (*dilution by blurring*). Não obstante, alguns tribunais consideravam ambos e a querela acabou por ser apreciada pelo *Supreme Court*, no caso *Moseley I*[81] que considerou duvidoso que a *FTDA* incluisse a *dilution by tarnishment*[82].

[80] Barton Beebe, "A defense...", *cit.*, pp. 1152 e ss.

[81] *Moseley v. V Secret Catalogue Inc., Supreme Court of the United States*, 537 US 418, 123 S. Ct. 1115 (2003) L. Ed. 2d 1, 65 U.S.P.Q. 2d 1801 – caso "Moseley I". Os factos subjacentes a este caso foram, resumidamente, os seguintes: em 1998, o titular da marca "Victoria's Secret", que contava com dezenas de lojas Victoria's Secret por todo o país, opôs-se ao uso pelos Moseley (Victor e Cathy Moseley) do nome "Victor's Secret" numa loja de *lingerie* e brinquedos para adultos, em Elizabethtown, no Kentucky. A existência deste estabelecimento foi dada a conhecer à titular da marca "Victoria's Secret" por um militar, que viu uma publicidade daquele estabelecimento e considerou-se ofendido pelo que entendeu ser uma tentativa de usar a reputação de uma marca para promover a venda de produtos de mau gosto. Em resposta à carta enviada pela titular da marca "Victoria's Secret", os Moseleys mudaram o nome do estabelecimento para "Victor's Little Secret". A titular da marca "Victoria's Secret" intentou uma ação judicial, na qual invocou violação da sua *famous trademark* e, em particular, a *dilution* quer *by blurring*, quer *by tarnishment*. O *Sixth Circuit* considerou, em 2001, que os consumidores que ouvirem o nome "Victor's Little Secret" podem automaticamente pensar na famosa loja e estabelecer uma ligação desta à loja de brinquedos de adultos e *lingerie* dos Moseleys. Mas os Moseleys recorreram desta decisão e o *Supreme Court* decidiu, em 2003, em sentido contrário, considerando que a titular da marca "Victoria's Secret" não fez prova da efetiva *dilution by tarnishment*.
Como é referido, mais adiante no texto, em resposta a esta decisão do *Supreme Court*, o Congresso alterou a *FTDA* e aprovou o *Trademark Dilution Revision Act of 2006* [*TDRA*], que estabelece que é suficiente a prova de *suscetibilidade* de *dilution by tarnishment*. No seguimento desta alteração legislativa, o *District Court* reapreciou o caso – "Moseley II" – e considerando o *TDRA* e que os Moseleys não fizeram prova que afastasse a probabilidade de *tarnishment*, concluíram que a ligação entre a marca "Victor's Little Secret" e os produtos sexuais vendidos sob aquela marca reduziram as associações positivas e o *selling power* da marca "Victoria's Secret", desacreditando-a, e proibiu-os de usar o nome "Victor's Little Secret". Na sequência desta decisão, os Moseleys redenominaram a sua

No que respeita à delimitação das marcas objeto da proteção – as *famous trademarks*, o *FTDA* não as definia. Por isso, alguns tribunais exigiam que a marca fosse famosa entre o público em geral dos EUA, enquanto outros defendiam a chamada *theory of nich of fame*, isto é, admitiam que a marca fosse qualificada como famosa quando o fosse numa área dos EUA ou do mercado[83].

Quanto à prova da diluição e, mais concretamente, a exigibilidade da prova de existência de um dano concreto[84] ou apenas da suscetibilidade de ser causado prejuízo ao valor da marca[85], também foi apreciada pelo *Supreme Court* dos EUA no caso "Moseley I", tendo-se decidido pela exigência da prova de *actual dilution*[86].

As referidas discrepâncias relativas à interpretação e à aplicação da *FTDA* e, em particular, a decisão do *Supreme Court* no caso "Moseley I" levaram à necessidade da sua alteração, tendo a *INTA* nomeado um comité para a estudar e apresentado um projeto de modificação da *FTDA*[87]. A alteração concretizou-se na aprovação do *Trademark Dilution Revision Act of 2006* [*TDRA* (2006)][88], do qual resulta que a tutela contra a diluição

loja "Cathy's Little Secret" e recorreram para o *Sixth Circuit* que a confirmou (*V Secret Catalogue, Inc. v. Moseley*, 2010 WL 1979429 (6th Cir. May 19, 2010)).

[82] V. "Moseley I", 537 U.S. 418, 432 (2003). Para maiores desenvolvimentos, cfr. Britt N. Lovejoy, "Tarnishing the dilution by tarnishment cause of action Starbucks Corp. v. Wolfe's Borough Coffee, Inc. and V Secret Catalogue, Inc. v. Moseley, compared", *Berkeley Technology Law Journal*, 26 (2011), pp. 623-654 (p.628).

[83] Thomas McCarthy, "Dilution of a trademark: European and United States Law compared", *TMR*, 94 (2004), pp.1163-1181 pp. 1175 e s.

[84] Como era exigido pelo *Fourth Circuit Court of Appeal* na Virginia, cfr. Thomas McCarthy, "Dilution ...", *cit.*, p. 1167.

[85] Como era exigido pelo *Second Circuit Court of Appeal* em Nova Iorque, cfr. Thomas McCarthy, "Dilution...", *cit.*, p. 1167.

[86] Thomas McCarthy considerou, todavia, que o *Supreme Court* criou duas categorias de casos de diluição, consoante as marcas fossem idênticas ou não, exigindo, pelo menos quando as marcas não fossem idênticas, a prova de *actual dilution*, admitindo que esta possa ser feita por provas circunstanciais ("Dilution...", *cit.*, p. 1168).

[87] Sobre o importante papel da *INTA*, da *American Intellectual Property Law Association* e da *Section of Intellectual Property Law of the American Bar Association* neste processo, cfr. Barton Beebe, "A defense ...", *cit.*, p. 1155.

[88] V. 15 USC § 1125 (c)(1).

abarca a *dilution by tarnishment*[89]; a recusa da teoria do *niche of market fame*, exigindo-se para a qualificação de uma marca como famosa que a mesma seja muito conhecida pelo público em geral de todo os EUA[90] e ainda que a aplicação desta tutela depende da prova da suscetibilidade de causar diluição[91].

A legislação dos EUA é, por conseguinte, mais restrita do que a europeia nesta matéria, não comportando, em sede de Direito de Marcas, a tutela contra o *aproveitamento indevido* do prestígio ou da capacidade distintiva[92]. Por outro lado, como se verá em seguida, graças ao alargamento operado pela via jurisprudencial das marcas que podem ser objeto desta tutela na UE, também neste ponto se verifica outra diferença significativa entre estes ordenamentos jurídicos, sendo que o regime excecional é aplicável a um número de marcas muito maior do que nos EUA.

4. O alargamento pela via jurisprudencial

Não obstante a previsão legal, a tutela das marcas de prestígio no Direito Europeu continuou a suscitar dúvidas e, nas respostas às questões prejudiciais que lhe foram sendo apresentadas e que tinham a ver sobretudo com os requisitos e com o alcance daquela proteção, o TJUE foi procedendo à sua ampliação. Primeiro, facilitando («franqueando?») o acesso à tutela ultramerceológica de marcas – marcas notórias – que, na nossa opinião, não preenchem os requisitos para a qualificação como marcas de prestígio (4.1.) e, em seguida, estendendo-a a situações que cairiam na alçada do princípio da especialidade, por estarem em causa produtos ou serviços idênticos ou afins, mas em que não existe risco de confusão (4.2.). Vejamos.

4.1. A tutela ultramerceológica das marcas notórias

Para além dos problemas que a aplicação rígida do princípio da especialidade gerava, também o princípio da territorialidade do registo[93] susci-

[89] V. 15 U.S.C. §§ 1125(c)(1), (2)(B) e (2)(C).

[90] V. 15 U.S.C. § 1125(c)(2)(A).

[91] V. 15 U.S.C. § 1125(c)(1).

[92] No mesmo sentido, cfr. Ansgar Ohly, "Free-riding...", *cit.*

[93] Sobre este princípio, cfr. Oehen Mendes, *Direito Industrial* I, Almedina, Coimbra,

tou dificuldades à tutela de determinadas marcas, muito conhecidas pelo público interessado, num país onde não se encontravam registadas.

> Com efeito, a notoriedade da marca torna-a atrativa, por isso, algumas pessoas, apercebendo-se dessa qualidade de uma marca não registada num determinado país, registam-na aí para (tentar) aproveitar essa notoriedade ou mesmo para, quando o seu verdadeiro titular pretender registá-la, retirar algum proveito económico pela cessão da mesma. Atendendo a esta necessidade de proteção, foi conferida uma tutela especial às marcas *notoriamente conhecidas* na Conferência Diplomática de Haia (1925) da CUP, atribuindo o art. 6.º *bis* a um nacional de um país da União, titular da marca notória, o direito de se opor ao pedido de ou invalidar o registo e de proibir o uso de marca confundível destinada a produtos idênticos ou semelhantes, efetuado por terceiro noutro país da União, mesmo que a marca notória não esteja aí registada. No nosso ordenamento jurídico essa tutela[94] consta dos arts. 234.º, 260.º e 320.º, al.ª g) do CPI, exigindo-se a notoriedade da marca, i.e., o conhecimento daquela marca por uma parte significativa do público interessado no tipo de produtos distinguidos pela mesma[95].

A dualidade de problemas referida, respeitando a tipos de marcas diferentes, levou à adoção de terminologia diferente[96]: marcas *notórias* (ou

1983-1984, pp. 74 e s. e DÁRIO MOURA VICENTE, *A tutela Internacional da Propriedade Intelectual*, 2.ª ed., 2019, Almedina, Coimbra, pp.148 e s.

[94] Sobre esta tutela, cfr. PINTO COELHO, "A proteção da marca «notoriamente conhecida»", *RLJ*, ano 84.º, n.ºs 2958-2960, p. 163 e MARIA MIGUEL CARVALHO, *Merchandising...*, cit., pp. 132 e s., n. 324.

[95] Sobre a referência ao conhecimento da marca notória pelo público em geral, cfr. GONÇALO MOREIRA RATO, *op. cit.*, pp. 37 e ss.

[96] A adoção de diferente terminologia indiciava a aplicabilidade de um regime jurídico distinto. Contudo, começou a desenhar-se, desde cedo, a tendência para a proteção ultramerceológica das marcas notórias, entretanto acolhida no ADPIC e numa Recomendação das Assembleias Gerais da União de Paris e da Organização Mundial da Propriedade Intelectual. Refira-se ainda que esta evolução gerou uma discussão doutrinal sobre o seu significado, traduzindo-se na adoção de diferentes tipologias de marcas. Cfr., entre outros, MONTIANO MONTEAGUDO, *op. cit.*, p. 40.
Por razões de economia e dada a delimitação do objeto desta Lição, vamos debruçar-nos exclusivamente sobre a marca objeto de tutela ultramerceológica no domínio do

marcas notoriamente conhecidas) para referir a necessidade de tutela que determinadas marcas (muito conhecidas pelo público interessado) têm, apesar de não estarem registadas num determinado território e marcas *célebres* (marcas *famosas*, de *reputação*, de *excecional reputação*) para indicar a "lacuna merceológica"[97] relativamente à proteção de marcas muito conhecidas pelo público em geral e com valor simbólico. Assim, o facto de o legislador europeu ter escolhido a nomenclatura "marca de *prestígio*" indicia, desde logo, o relaxamento dos requisitos para a tutela ultramerceológica[98]. Mas, esta linha foi bem mais acentuada pela jurisprudência.

No acórdão do TJUE proferido no caso "Chevy"[99], foi analisada a questão de determinar o sentido exato do «prestígio da marca» e da interpretação fixada nesta decisão (e reiterada em acórdãos posteriores) resulta, em termos práticos, que os requisitos para a qualificação de uma marca como sendo de prestígio foram muito aligeirados, tornando-a, na prática, equivalente à marca notória. De facto, determinando que "o público perante o qual a marca anterior deve gozar de prestígio é o interessado nessa marca, quer dizer, determinado em função do produto ou serviço comercializado, nuns casos o grande público, noutros um público mais especializado, por exemplo, determinado meio profissional" e que, por isso, "*deve considerar-se atingido o grau de conhecimento exigido quando a marca anterior é conhecida de parte significativa do público interessado pelos produtos ou*

Direito da União Europeia. Para maiores desenvolvimentos sobre o tema, cfr. Maria Miguel Carvalho, *Merchandising*..., cit., pp.137 e ss. e Ludwig Baumer, "International legislative history within the framework of WIPO, and the recognition and protection of famous and well-known marks", in: Aa. Vv., *Famous and well-known marks (an international analysis)* (dir. Frederick Mostert), Butterworths, London, 1997, pp. 140 e ss.

[97] Giannantonio Guglielmetti (*op. cit.*, p. 17) referia as lacunas territoriais e as lacunas merceológicas. Estas últimas resultavam da inexistência de previsão legal de exceções ao princípio da especialidade.

[98] Cfr. também Nogueira Serens, *A monopolização*..., cit., p. 1006, n. 1983.

[99] Ac. TJUE, proferido no caso "Chevy", *cit.* Os factos subjacentes a este acórdão eram, resumidamente, os seguintes: a General Motors, titular da marca «Chevy» para assinalar automóveis no Benelux, invocando a tutela jurídica da sua marca de prestígio, intentou uma ação judicial, solicitando que a Yplon, titular da marca «Chevy» para detergentes e produtos de limpeza no Benelux, fosse proibida de utilizar aquela marca para designar os referidos produtos, com fundamento em que tal utilização gera a diluição da sua própria marca, afetando assim a respetiva função publicitária.

serviços abrangidos por essa marca"[100] (itálicos nossos), parece que o TJUE prescinde de um requisito qualitativo para a qualificação de uma marca de prestígio, bastando-se com uma exigência quantitativa[101], fixada em moldes idênticos ao da marca "meramente" notória. Ora, esta equiparação – que parece corresponder ao acolhimento da teoria do *niche market fame*[102], seguindo o caminho inverso dos EUA – não nos parece justificada, faltando a demonstração da verificação dos fundamentos para uma tutela que, sendo *excecional*, deve ser aplicável a um leque *restrito* de sinais, abarcando apenas aqueles relativamente aos quais tenha sido estabelecida a necessidade daquela proteção[103]. Por conseguinte, para além de uma

[100] V. n.º 26 do Ac. "Chevy", reafirmado posteriormente nos n.os 21-24 do Ac. TJUE, de 6/10/09, proferido no proc. C-301/07, caso "Pago" (ECLI:EU:C:2009:611). Relativamente ao modo de aferição deste critério, o TJUE referiu que "ao examinar esta condição, o órgão jurisdicional nacional deve tomar em consideração todos os elementos pertinentes do processo, a saber, designadamente, a parte de mercado detida pela marca, a intensidade, o alcance geográfico e a duração da sua utilização, bem como a importância dos investimentos efectuados pela empresa para a promover" (v. n.º 27 do Ac. "Chevy"), critério reafirmado em acórdãos posteriores (v., p.e., os n.os 25 e 18 do Ac. "Pago" e do Ac. TJUE, de 3/9/15, proferido no proc. C-125/14, no caso "Impulse" (ECLI:EU:C:2015:539), respetivamente). Para uma visão sintética da jurisprudência do TJ nesta matéria, cfr. Marta Cernada Lázares, *op. cit*, pp. 145 e ss.

[101] Sem que se exija que a marca seja conhecida de determinada percentagem do público assim definido. V. n.º 25 do Ac. "Chevy", *cit.*

[102] Nogueira Serens, *A monopolização...*, cit., p. 1015, n.1983 e Thomas McCarthy, "Dilution...", *cit.*, pp. 1173 e s.

[103] Cfr. Maria Miguel Carvalho, "A marca de prestígio...", *cit.*, esp. pp. 358-359. Criticamente sobre o Acórdão "Chevy", cfr. Luís Couto Gonçalves, "A "marca" do Tribunal de Justiça no Direito de Marcas", in: Aa. Vv., *Estudos em Homenagem à Professora Doutora Isabel de Magalhães Collaço*, Vol. II, Almedina, Coimbra, 2002, pp.79-93 (pp. 90 e ss.), que afirma que admitir este grau de conhecimento da marca de prestígio "significa que a marca consegue pelo direito aquilo que nem alcançou pelo mercado, isto é, um circulo de protecção jurídica superior ao círculo de afirmação económica", considerando a interpretação do TJUE, neste caso, contrária à letra e ao espírito da DM. Pugnando igualmente pela indispensabilidade da existência de «prestígio», cfr. Massaguer Fuentes ("La protección jurídica de las marcas notórias e renombradas en la Ley de Marcas de 2001", *ADI*, 22 (2001), pp. 143-179 (pp. 157 e ss.)), uma vez que se a marca não tiver prestígio, nenhuma marca posterior idêntica ou semelhante poderá prejudicá-lo ou obter uma vantagem indevida e, em sentido próximo, cfr., entre nós, Pedro Sousa e Silva (*Direito Industrial...*, cit., p. 310) que admite que a equiparação pelo TJUE às marcas

maior exigência respeitante ao requisito quantitativo (grau e alcance da notoriedade), também deve verificar-se um requisito qualitativo – o prestígio[104].

Acresce que também a interpretação que o TJUE fez do alcance territorial do prestígio parece contribuir para o debilitamento das exigências para que uma marca seja qualificada como marca de prestígio. Com efeito, depois de ter dispensado o prestígio relativamente à *totalidade* do território do Estado-membro, estabelecendo a suficiência da verificação do prestígio *numa parte substancial do território* do Estado-membro no caso de marcas nacionais[105], aplicou o mesmo regime às (então) marcas comunitárias, explicitando que tal implica que o prestígio não tem de existir em todo o território da UE, mas apenas numa parte substancial

notórias "não seja feita quanto aos outros requisitos, especialmente quanto ao requisito do "prestígio"", acrescentando que, "se assim for, poderá haver marcas com *notoriedade* elevada, mas sem *prestígio* suficiente para gozar da tutela reforçada".
Em sentido diferente, cfr. Jorge Novais Gonçalves (*op. cit.*, pp. 332 e s.) que defende que "o Tribunal parece querer sublinhar que não se propõe formular uma definição completa e acabada da marca de prestígio", acrescentando que "neste contexto, a exigência de um certo grau de reconhecimento da marca não parece ter sido formulada tanto como condição única caracterizadora do conceito, mas como condição necessária para aceder a tal estatuto, ficando em aberto a possibilidade de o conceito integrar requisitos de ordem diversa, como, por exemplo, o favor do público em causa" e, deste modo, "o que o Tribunal afastou de forma clara foi o entendimento segundo o qual a marca prestigiada teria de atingir níveis de reconhecimento ainda mais elevados do que aqueles exigíveis às marcas notoriamente conhecidas". Em sentido próximo, cfr. ainda Luís Pedro Domingues, "Marcas notórias...", *cit.*, pp. 192 e s. e Alberto Ribeiro de Almeida, "Marca de prestígio, marca notória e acordo ADPIC/TRIPS", in: *Direito Industrial*, Vol.VI, Almedina, Coimbra, 2009, pp.65-82 (p.70).

[104] Bem andou o STJ, no Ac. de 13/7/10, ao exigir a verificação do prestígio (requisito qualitativo) das marcas para conceder a tutela ultramerceológica, o que no caso implicou a recusa da referida qualificação à marca «Dolce Vita» (serviços de construção e venda de edifícios) – v. proc. 3/05.9TYLSB.P1.S1, disponível para consulta em: http://www.dgsi.pt/jstj.nsf/-/244B5E056554A0BF802577600048CCF9.

[105] V. n.º 28 do Ac. "Chevy". Refira-se ainda que, posteriormente, apreciando os requisitos da marca notória, o TJUE declarou que "não se pode certamente exigir que a notoriedade exista em «todo» o território do Estado-Membro, bastando que exista numa parte substancial deste (...)", aplicando, por analogia, o Ac. TJUE proferido no caso "Chevy" – v. n.º17 do Ac. TJUE, de 22/11/07, proferido no proc. C-328/06 (ECLI:EU:C:2007:704).

daquele[106], que pode coincidir com o território de *um único* Estado-membro. Mas vai mais longe e defende que a proteção ultramerceológica pode também ser concedida num Estado-membro *em que aquela marca não seja considerada de prestígio*[107].

Também estas decisões estão, na nossa opinião, insuficientemente fundamentadas e podem criar problemas ao funcionamento do sistema europeu de marcas, designadamente porque parecem ignorar que do carácter unitário da marca "comunitária" resulta que o território da UE deve ser considerado como um todo[108].

4.2. Da tutela alargada no âmbito do princípio da especialidade, mesmo que não exista risco de confusão

O alargamento da tutela excecional que temos vindo a referir – pensada, reitera-se, para obstar à utilização e/ou registo de um sinal conflituante para produtos ou serviços *diferentes*, quando tal permita tirar partido indevido do carácter distintivo ou do prestígio da marca anterior ou pre-

[106] V. n.º 27 do Ac. TJUE "Pago", *cit.*

[107] V. o n.º 20 do Ac. TJUE no caso "Impulse", *cit.*, que estabeleceu que não pode ser exigido ao titular da marca que faça prova desse prestígio no território do Estado-Membro onde o pedido de registo da marca nacional posterior, que é objeto de oposição, foi apresentado. Neste caso a Iron & Smith requereu o registo do sinal figurativo, a cores, «be impulsive», como marca nacional húngara. A Unilever opôs-se a este pedido, invocando a tutela das suas marcas de prestígio comunitárias e internacionais, anteriores, «Impulse». Não tendo sido possível estabelecer o prestígio das marcas internacionais, o Instituto da Propriedade Industrial húngaro considerou que o prestígio da marca comunitária estava provado para uma parte substancial da União, visto que a Unilever tinha promovido e vendido grandes quantidades dos produtos protegidos pela marca em questão no Reino Unido e em Itália (que, segundo a Iron & Smith correspondiam a uma quota de mercado de 5% e de 0,2%, respetivamente).

[108] Marta Cernada Lázares, *op. cit.*, p. 144, entende que, nas situações em que uma marca seja considerada de prestígio apenas num Estado membro, "não deveria gozar de proteção através do Regulamento de marcas, mas deveria cingir-se à tutela reforçada acolhida na Diretiva de Marcas e, por conseguinte, nas leis de marcas nacionais", embora refira que talvez o TJUE tenha assumido uma postura distinta, na medida em que a lei de marcas nacional só é aplicável às marcas nacionais e é possível que a marca anterior não seja uma marca nacional, estando apenas registada como marca da UE. Assim, "parece que o alcance territorial do prestígio fixado pelo Tribunal procura dar resposta e facilitar a proteção perante este tipo de situações".

judicá-los, sem um justo motivo – foi ainda efetuado pela sua admissão, pelo TJUE, nos casos em que existe uso de um sinal idêntico ou semelhante em produtos ou serviços *idênticos ou afins, não existindo risco de confusão* (incluindo o risco de associação).

Na jurisprudência alemã, anterior à transposição da DM, era debatida a questão de saber se a boa fama (ou o bom nome) de uma marca devia ser protegida no caso de, apesar de os produtos ou serviços serem semelhantes, não existir risco de confusão entre aquela marca e o sinal utilizado por um terceiro, tendo o *BGH* defendido o recurso à concorrência desleal nos casos em que se verificasse uma "aproximação dissimulada" (*versteckte Anlehnung*) com vista à exploração do "bom nome" da marca[109], bem como nos casos em que, não existindo esta *versteckte Anlehnung*, a aproximação, sem justo motivo, pudesse causar grave prejuízo ao titular da marca anterior, uma vez que enfraqueceria a sua capacidade distintiva[110].

Após a aprovação da DM, o *BGH* aproveitou para pedir o esclarecimento da questão no caso "Davidoff"[111], tendo o TJUE declarado

[109] V., por todos, a decisão do caso "Centra", de 17/3/65 (*GRUR* (1966), pp. 38 s.).

[110] Os *leading cases* neste domínio são as decisões do *BGH* em 23/6/67, no caso "Maggi" (*GRUR* (1968), pp. 361 e s.) e em 12/7/67, no caso "Blunazit" (*GRUR* (1968), pp. 581 e s.). Para maiores desenvolvimentos, cfr. BAUMBACH/HEFERMEHL, *op. cit.*, n. 58.

[111] V. Ac. TJUE, de 9/1/03, proferido no proc. C-292/00, ECLI:EU:C:2003:9.

Não obstante, como refere MERCEDES CURTO POLO ("El inexistente *lapso* logico en la protección de la marca renombrada. Comentario a la sentencia de Justicia de las Comunidades Europeas de 9 de enero de 2003, Davidoff & Cie SA, Zino Davidoff SA c. Gofkid Ltd.", *Revista General de Derecho Europeo*, 1 (2003), pp.1-12 (p. 8)), já se podia antever este resultado do n.º 20 do Ac. TJUE, proferido no caso "Sabel/Puma" e das Conclusões apresentadas, em 13/6/02, pelo Advogado-Geral Dámaso Ruiz-Jarabo Colomer (no proc. C-206/01, no caso "Arsenal" ECLI:EU:C:2002:373). No Acórdão "Sabel-Puma", o TJUE, referindo-se aos arts. 4.º, n.ºs 3 e 4 e 5.º, n.º2 da DM-88, afirmou que estas normas "permitem ao titular de uma marca que goza de nomeada proibir o uso, sem razão, de sinais idênticos ou similares à sua marca, sem exigir que seja demonstrado risco de confusão, e isso *mesmo se os produtos em causa não são similares*" (itálicos nossos) e também o Advogado-Geral Ruiz-Jarabo Colomer considerou que "entra no terreno do direito comunitário a tutela das marcas de prestígio (n.º 2 do mesmo artigo [5.º]) contra a utilização por terceiros para distinguir *os mesmos produtos ou semelhantes*" e que "esta protecção deve ser prestada *mesmo que não exista risco de confusão*, sob pena de se conceder a este tipo de marcas menor protecção quando os produtos são semelhantes do que quando não apresentem qualquer relação" (itálicos nossos), esclarecendo ainda que "no que respeita a esse que o art 5.º, n.º5 da DM-88 permite deixar aos Estados-membros o *poder* de preverem uma proteção *específica* a favor de uma marca registada que goza de prestígio quando a marca ou o sinal posterior – idêntico ou semelhante à marca registada – se destina a ser utilizado *para produtos ou serviços idênticos ou semelhantes* aos abrangidos por esta. Em apoio desta controversa decisão foram invocados: a economia geral do preceito; os objetivos do sistema em que se insere; um argumento de maioria de razão (não se pode adotar uma interpretação do artigo em questão que tenha como consequência, em caso de uso de um sinal para produtos ou serviços idênticos ou semelhantes, uma proteção das marcas prestigiadas inferior à que teriam em caso de uso de um sinal para produtos ou serviços dissemelhantes) e ainda que, em circunstâncias em que esteja excluído um risco de confusão, o art. 5.º, n.º1, al. .ª b) DM-88, não poderia ser invocado pelo titular de uma marca de prestígio para se proteger contra um uso lesivo do carácter distintivo ou do prestígio da marca[112].

Esta decisão afastou-se da perspetiva, que cremos ser mais correta, do Advogado-Geral Jacobs nas conclusões deste caso, onde, depois de evidenciar os importantes argumentos histórico e literal das normas da DM em apreciação, defendeu que "o legislador pretendeu dizer exactamente o que disse – e não mais do que disse"[113].

Posteriormente, no âmbito do caso "Adidas/Fitnessworld", o mesmo tribunal acrescentou ainda que se um Estado-Membro exercesse a facul-

tipo de sinais, a directiva impõe a harmonização das legislações dos Estados-Membros, quanto à utilização para os mesmos produtos ou semelhantes, deixando-lhes a liberdade para as proteger também quando os produtos ou serviços em causa sejam diferentes. A única exigência em ambas as situações é que o terceiro que utilize indevidamente uma marca com prestígio pretenda obter uma vantagem desleal, ou prejudique o seu carácter distintivo ou o seu prestígio e a sua fama" (v. n.os 33 e 34 das Conclusões *cit.*).

[112] V. n.os 24 e 25 do Ac. TJUE, caso "Davidoff".

[113] V. n.os 37 e 53 das Conclusões, apresentadas em 21/3/02 (ECLI:EU:C:2002:204). Refira-se que, depois da decisão do TJUE neste caso, o mesmo Advogado-Geral passou a defender solução diferente. V. Conclusões que apresentou, em 10/7/03, no proc. C-408/01, caso "Adidas-Fitnessworld" (ECLI:EU:C:2003:404). Para uma síntese dos trabalhos preparatórios da norma, v. os n.os 35 e 36 das Conclusões apresentadas pelo Advogado-Geral Jacobs, no caso "Davidoff".

dade prevista no art. 5.º, n.º2 da DM-88 seria *obrigado* a conceder aquela proteção especifica em caso de utilização, por um terceiro, de um sinal posterior, idêntico ou semelhante, à marca de prestígio registada, tanto para produtos ou serviços não semelhantes, como para produtos ou serviços idênticos ou semelhantes aos abrangidos por esta[114].

Desta jurisprudência resulta, uma vez mais, o alargamento da tutela das marcas de prestígio e, desta feita, no âmbito do princípio da especialidade. No entanto, não se percebe porque é que há necessidade de recorrer à "super arma" da norma antidiluição para resolver conflitos que parecem ser casos normais de infração[115], sendo certo que tal uso pode prejudicar de forma mais intensa o equilíbrio entre a concorrência livre e leal, especialmente por estarem em causa produtos ou serviços idênticos ou afins[116].

4.3. As funções jurídicas da marca no âmbito da jurisprudência do TJUE

A extensão do alcance da tutela da marca de prestígio esteve também na base de decisões do TJUE que ampliaram as funções jurídicas deste sinal distintivo[117], apesar da existência de uma jurisprudência bem estabelecida que declarava a função de indicação de origem da marca como

[114] Ac. TJUE, de 23/10/03, proferido no caso "Adidas-Fitnessworld", n.º22 (ECLI:EU: C:2003:582).

[115] Thomas McCarthy, "Dilution...", *cit.*, pp. 1176 e s.

[116] Neste sentido, Graeme Dinwoodie, "Dilution as unfair...", *cit.*, p. 7, n. 30. No mesmo sentido, cfr. Morcom, "Extending protection for marks having a reputation: what is the effect of the decision of the European court of justice in Davidoff v Gofkid?", *EIPR*, 25 (2003), pp. 279-282; Ilanah Simon Fhima, *Trade mark dilution...*, *cit.*, pp. 88 e ss. e, entre nós, Nogueira Serens, *A monopolização...*, cit., n. 1983, p. 981.

[117] Para maiores desenvolvimentos sobre a teoria das funções da marca, cfr. Luís Couto Gonçalves, *Função Distintiva...*, cit., *passim*. Sobre a expansão do direito de marca e, em especial, a evolução da marca como sinal de indicação de proveniência empresarial para a marca como sinal que assume múltiplas funções jurídicas, cfr. Rafael García Pérez, *La expansión del derecho de marca – De la marca como indicación de la procedência empresarial a la multifuncionalidad jurídica de la marca*, Marcial Pons, Madrid, Barcelona, Buenos Aires, São Paulo, 2021, *passim*.

a sua função *essencial*[118] e de esta ser referida nos Considerandos da DM e do RMC[119].

Com efeito, o TJUE começou a abrir o leque das funções. Primeiro, subrepticiamente, referindo-se no plural às *funções próprias da marca*, a propósito de um requisito que autonomizou para a violação nos casos de "dupla identidade"[120], mas mantendo a preponderância da função de indicação de origem, considerada a *função essencial*[121], apesar de essa referência parecer exemplificativa. E, mais tarde, no caso "L'Óreal/Bellure", de forma explícita, tendo sustentado que o titular da marca pode proibir o uso, mesmo quando aquele não é suscetível de prejudicar a sua função essencial, *desde que prejudique ou seja suscetível de prejudicar uma das outras funções da marca*[122], referindo ainda a este propósito e com aparente carácter ilustrativo, "as funções de comunicação, de investimento ou de publicidade"[123]. Esta ideia foi, de resto, reforçada em acórdãos posterio-

[118] Como já tivemos oportunidade de referir em *A marca enganosa*, Almedina, Coimbra, 2010, pp. 463 e s., n.1207 e n.1208.

[119] V. Considerandos 9 e 11 das DM-88 e DM-08 e 7 e 8 dos RMC-94 e RMC-09, respetivamente.

[120] Casos em que a marca registada e o sinal conflituante são iguais e os produtos ou serviços são idênticos. Sobre os requisitos da violação da marca, v. *infra* II., 2.

[121] V. os n.os 42, 51, 52 e 54 do Ac. proferido no caso "Arsenal". Com esta interpretação foi relativizada a referência, no Considerando 10 da DM-89, à proteção absoluta da marca nos casos de dupla identidade (Ángel García Vidal, "El uso de la marca ajena con una finalidad diferente a la de distinguir productos o servicios", *ADI*, 23 (2002), pp. 337-361 (p. 351)). Como o autor sublinha, "o carácter absoluto da referida proteção não significa que o titular da marca pode proibir qualquer utilização da mesma no tráfico económico, mas apenas aqueles usos que se realizem com a finalidade de distinguir produtos ou serviços. O que sucede é que se existe dupla identidade entre sinais e produtos ou serviços, produzir-se-á praticamente sempre um uso com função de marca".

[122] V. o n.º 53 do Ac. TJUE, de 18/6/09, proferido no proc. C-487/07, no caso "L'Oreal/Bellure" (ECLI:EU:C:2009:378). Para maiores desenvolvimentos, cfr. Maria Miguel Carvalho, "A protecção jurídica da marca segundo o Acórdão «L'Oréal" [Comentário do Acórdão do TJCE (1.ª S.) de 18 de Junho de 2009, caso «L'Oréal/Bellure»], *ADI*, 30 (2009-2010), pp. 653-661 e "As funções da marca e a jurisprudência do TJUE", *RDI*, 1 (2014), pp.251-270 (esp. pp. 262 e ss.), que aqui seguimos de perto, embora com atualizações.

[123] V. os n.os 58, 63 e 65 do Ac. "L'Óreal/Bellure", relativamente ao uso por um terceiro em publicidade comparativa de um sinal idêntico à marca alheia para produtos ou servi-

res, como o proferido no caso "Interflora", onde se explicitou que "uma marca deve, em princípio, cumprir sempre a sua função de indicação de origem, ao passo que apenas assegura as suas outras funções na medida em que o seu titular a explore nesse sentido, nomeadamente para fins de publicidade e investimento", mas acrescentando que "esta diferença entre a função essencial da marca e as suas outras funções não podem de forma alguma justificar que, quando uma marca cumpre uma ou mais das suas outras funções, as violações destas sejam excluídas do campo de aplicação dos artigos 5.°, n.° 1, alínea a) [da DM-88](...)", e que "também não se pode considerar que apenas as marcas que gozam de prestígio podem ter funções diferentes da indicação de origem"[124].

Este posicionamento – assumido sem que tivesse sido avançado qualquer fundamento e sem qualquer concretização – foi objeto de muitas criticas[125], com as quais concordamos, quer por não se considerar aceitável que, sem qualquer demonstração da tutela *jurídica* e sem uma delimitação exata, se refira, neste contexto, a "outras funções", quer ainda porque, ao deixar a porta aberta a "outras funções", quaisquer que elas sejam, se permite, sem avançar com qualquer justificação, que a marca seja transformada num "buraco negro"[126] que absorve toda a comunicação que aquele sinal veicula.

ços idênticos (ou seja, no âmbito da previsão da «dupla identidade»).

[124] V. os n.os38-40 do Ac. TJUE, de 22/9/11, proferido no proc. C-323/09, no caso "Interflora" (ECLI:EU:C:2011:604). V., ainda, o n.° 77 do Acórdão TJUE (Grande Secção), de 23/3/10, proferido nos procs. apensos C-236/08 a C-238/08, no âmbito do caso "Google France" (ECLI:EU:C:2010:159).

[125] Cfr., entre outros, Dev Gangjee/Robert Burrell, "Because you're worth it: L'Oréal and the prohibition on free riding", *The Modern Law Review*, 73, (2010), pp. 282-295 e M. Senftleben, "Function theory and international exhaustion – why it is wise to confine the double identity rule to cases affecting the origin function", *EIPR*, 36 (2014), pp. 518-524. A favor da decisão, cfr. K-H Fezer, "Markenschutzfähigkeit der Kommunikationszeichen (§§ 3 und 8 MarkenG) und Kommunikationsschutz der Marken (§§ 14 und 23 MarkenG) – Die funktionale Kennzeichenrechtstheorie als Perspektive des „L'Oréal"-Urteils des EuGH", *WRP* (2010), pp. 165-181 (p. 178).

[126] Martin Senftleben, "Trade mark protection – a black hole in the Intellectual Property Galaxy?", *IIC*, 42 (2011), pp.383 e ss.

5. O alargamento da tutela das marcas de prestígio no âmbito da reforma do Direito Europeu de Marcas e no atual CPI português

Neste contexto, a Proposta de reformulação da Diretiva, entretanto apresentada pela Comissão Europeia, referia expressamente que o reconhecimento de funções adicionais à marca no âmbito do art. 5.º, n.º1, al.ª a) DM-08 criou insegurança jurídica e que, "em especial, a relação entre os casos de dupla identidade e a proteção alargada estabelecida no art. 5.º, n.º2 [DM'08] para as marcas de prestígio tornou-se obscura"[127]. Por isso, propunha a clarificação, no Considerando 19, de que, quer nos casos de dupla identidade, quer nos de semelhança, a marca anterior só goza de proteção *se e na medida em que a principal função da marca* (que é, como referia, garantir a origem comercial dos produtos ou serviços) *seja afetada negativamente*, propondo uma nova redação para a al.ª *a*) do n.º1 do art. 5.º (correspondente ao art. 10.º, n.º2, al.ª a) da Proposta) que, contemplando esta precisão, restringiria o alcance da aplicação determinada pelo TJUE[128]. Acrescente-se, todavia, que, concomitantemente, propôs a

[127] V. p. 6 da Proposta de Diretiva do Parlamento Europeu e do Conselho que aproxima as legislações dos Estados-Membros em matéria de marcas (Reformulação), de 27/3/13 - COM(2013) 162 final (2013/0089 (COD)), (disponível para consulta em: https://eur-lex.europa.eu/legal-content/PT/HIS/?uri=CELEX:52013PC0162&sortOrder=asc). Esta proposta baseou-se no *Study on the overall functioning..., cit.*, elaborado pelo *Max Planck Institute for the Intellectual Property and Competition Law* (Munique) – v., esp. p. 107, nms 2.197-2.198.

[128] No *Memorandum* de explicação da Proposta apresentada, a Comissão referia expressamente as normas do art. 5.º, n.º1, al.ª a) e b) da DM-08 (v. p. 6 da Proposta, *cit.*), mas, como é referido no texto, das disposições legais da proposta apenas consta o aditamento daquela precisão para os casos de dupla identidade (al.ª a)), apesar de no Considerando 19 se ter referido também os casos de semelhança. O texto da proposta apresentada para o art.10.º, n.º1 foi a seguinte: "sem prejuízo dos direitos adquiridos pelos titulares antes da data do depósito ou da data de prioridade da marca registada, o titular de uma marca registada fica habilitado a proibir que terceiros, sem o seu consentimento, façam uso na vida comercial de qualquer sinal relativo aos produtos e serviços se: a) o sinal for idêntico à marca e for utilizado para produtos e serviços idênticos àqueles para os quais a marca foi registada *e se esta utilização afetar ou for susceptível de afetar a função da marca de garantir aos consumidores a origem dos produtos ou serviços*; b) o sinal for idêntico ou semelhante à marca e for utilizado para produtos ou serviços idênticos ou semelhantes aos produtos ou serviços para os quais a marca foi registada e se existir um risco de confusão no espírito do público; o risco de confusão compreende o risco de associação entre o sinal e a marca;

consagração legal da jurisprudência daquele Tribunal no que toca à proteção das marcas de prestígio, permitindo aos respetivos titulares oporem-se ao uso e ao registo (e, sendo o caso, invalidá-lo) quando a marca posterior for idêntica, ou semelhante, à sua marca de prestígio (anterior), *independentemente de os produtos ou serviços que assinale ou para os quais está registada serem idênticos, afins ou não semelhantes* àqueles para os quais a marca anterior está registada, se tal uso tirar partido indevido ou puder causar prejuízo ao carácter distintivo ou ao prestígio da marca anterior, sem justo motivo (v. arts. 5.º, n.º3 e 10.º, n.º2, al.ª c))[129].

Na sequência da votação, em 1.ª leitura, pelo Parlamento Europeu foram suprimidas as propostas relativas ao Considerando 19 e à al.ª a) do n.º2 do art. 10.º[130], mantendo-se praticamente inalterada a proposta da Comissão respeitante à proteção das marcas de prestígio, tendo sido esta a redação adotada na versão final da DM, atualmente em vigor[131]. Assim,

(...)" (v. Proposta, *cit.*, p. 29; itálicos nossos). Retomaremos, mais adiante, este ponto (v. *infra* II., 2., 2.3.2.).

[129] V. Proposta, *cit.*, pp. 25 e 29. Sobre a referida jurisprudência do TJUE, v. *supra* 4., esp. 4.2.

[130] V. Resolução legislativa do Parlamento Europeu, de 25 de fevereiro de 2014, sobre a proposta de diretiva do Parlamento Europeu e do Conselho que aproxima as legislações dos Estados-Membros em matéria de marcas (reformulação) (COM(2013)0162 - C7-0088/2013 - 2013/0089(COD)), P7_TA(2014)0119, *JO C* n.º 285, de 29/8/17 (disponível em http://www.europarl.europa.eu/meetdocs/2014_2019/documents/juri/dv/p7_ta(2014)0119_/p7_ta(2014)0119_pt.pdf), pp. 12 e 44. Sobre as críticas dirigidas a esta proposta e com numerosas indicações bibliográficas, cfr. Annette Kur, "Trademarks function, don't they? CJEU jurisprudence and unfair competition", *Max Planck Institute for Innovation and Competition Research Paper No. 14-05.*

[131] Diretiva (UE) 2015/2436 do Parlamento Europeu e do Conselho, de 16/12/15, que aproxima as legislações dos Estados-Membros em matéria de marcas (reformulação), *JO L* 236, de 23/12/15, pp. 1 e ss. [DM]. Relativamente ao procedimento legislativo conducente à aprovação do Regulamento (UE) 2017/1001 do Parlamento Europeu e do Conselho, de 14/6/17, sobre a marca da União Europeia [RMUE] (*JO L* 154, de 16/6/17, pp. 1 e ss.) – que pode ser consultado em https://eur-lex.europa.eu/legal-content/PT/HIS/?uri=CELEX:32017R1001&sortOrder=asc – refira-se que a Proposta apresentada pela Comissão Europeia, em 27/3/13, previa uma tutela semelhante à que constava da Proposta de DM (v. Considerando 15 e art. 9.º, n.º1, al.ª c) da Proposta de Regulamento do Parlamento Europeu e do Conselho, que altera o Regulamento (CE) n.º 207/2009 do Conselho sobre a marca comunitária, COM(2013) 161 final).

confirma-se a extensão da tutela conferida pela atual Diretiva à marca de prestígio[132] em dois planos distintos. No plano ultramerceológico, já que a proteção das marcas de prestígio, que até aqui apenas era imperativa para as "marcas comunitárias de prestígio", passou a ser injuntiva também para as marcas nacionais de prestígio[133], e no plano do *princípio da especialidade*, pois o titular da marca de prestígio, para além da proteção de que goza quando estiver em causa o risco de confusão (nos casos de dupla identidade e nos casos de afinidade de produtos ou serviços), passa a beneficiar de tutela jurídica – podendo proibir o uso, opor-se ao registo e invalidar o registo concedido – perante sinais (idênticos ou semelhantes) posteriores para assinalar produtos ou serviços *idênticos ou afins, mesmo que não exista suscetibilidade de o público consumidor ser induzido em erro*[134], sempre que a utilização desses tire indevidamente partido do caráter distintivo ou do prestígio da marca, ou os prejudique, sem justo motivo (arts. 5.º, n.º 3, al.ª a) e 10.º, n.º2, al.ª c)). Tratando-se de disposições imperativas estas tinham de ser transpostas para o Direito Português o que, efetivamente, sucedeu com a aprovação do CPI atualmente em vigor[135] (v. arts. 235.º, 249.º, n.º1, al.ª c) e 260.º, n.ºs 1 a 3).

2013/0088 (COD) C7-0087/13).

[132] Além deste alargamento relativo às marcas de prestígio, importa referir que, em termos práticos, a eliminação da precisão proposta pela Comissão Europeia tem por efeito a possibilidade de conferir tutela ao titular da marca registada anteriormente, mesmo que não exista risco de confusão, nos casos de «dupla identidade», na senda da jurisprudência do TJUE. Neste sentido, cfr. Martin Senftleben/Lionel Bently/Graeme Dinwoodie/Christophe Geiger/Jonathan Griffths/ Annette Kur/Ansgar Ohly/ Alexander Peukert/Marco Ricolfi/Jens Schovsbo/Katja Weckström/Lukas Zelechowski, *Recommendation on measures to safeguard freedom of expression and undistorted competition law in EU Trade Mark Law*, pp. 3 e ss. (disponível em https://papers.ssrn.com/sol3/papers.cfm?abstract_id=2496351).

[133] V. art. 5.º, n.º3, al.ª a) e 10.º, n.º2, al.ª c) da DM.

[134] V. arts. 5.º, n.º1, al.ª a) e al.ª b) e 10.º, n.º2, al.as a) e b).

[135] Aprovado pelo DL n.º 110/18, de 10/12. Este diploma procedeu, aliás, à transposição das normas da mais recente DM. Sobre estas alterações cfr. Maria Miguel Carvalho, "A tutela da marca de prestígio no novo Código da Propriedade Industrial Português", *ADI*, 40 (2019-2020), pp. 359-370 (esp. pp. 362 e ss.).

II.
A necessidade do redimensionamento do alcance do direito de marca

1. Razão de ordem

O consistente e progressivo alargamento do âmbito de proteção do direito de marca, aqui demonstrado em especial com a tutela da marca de prestígio[136], não é inócuo para o interesse dos concorrentes, dos consumidores e o interesse público geral, tornando indispensável a previsão de limites que assegurem o seu equilíbrio[137].

A forma, em concreto, de lograr repor esse equilíbrio tem, todavia, dividido a doutrina[138]. Para uns, terá de se concretizar a partir de limites externos ao Direito de Marcas, recorrendo, por exemplo, aos que

[136] Seguimos aqui de perto o que escrevemos em *A marca enganosa*, cit., pp. 26 e ss. e pp. 32 e ss., embora com atualizações. Cfr., ainda, entre outros, A. SATTLER, *Emanzipation und Expansion des Markenrechts. Die Entstehungsgeschichte des Markengesetzes von 1995*, Mohr Siebeck, Tübingen, 2015, pp. 457-478 e, entre nós, ALBERTO RIBEIRO DE ALMEIDA, "Marca de prestígio...", *cit.*, p. 81.

[137] ADRIANO VANZETTI, "Equilibrio d'interessi e diritto al marchio", *RDComm.*, 1960, parte prima, pp. 258 e ss. Em sentido próximo, sublinhando a necessidade de o Direito de Marcas precisar de reconhecer e de agir na sua capacidade de construir o mercado, cfr. GRAEME DINWOODIE, "The rational limits of trademark law (2000)", in: *U.S. Intellectual Property: law and policy (2002), plus 2005 postscript* (ed. H. Hausen), Edward Elgar Publishing, 2006 (disponível em https://works.bepress.com/graeme_dinwoodie/27/). Cfr. ainda, entre outros, DAVID A. SIMON, "The confusion trap: rethinking parody in trademark law", *Washington Law Review*, 88 (2013), pp. 1021-1101.

[138] ROCHELLE COOPER DREYFUSS, "Reconciling Trademark Rights and Expressive Values: How to Stop Worrying and Learn to Love Ambiguity", *Trademark Law and Theory: A Handbook of contemporary research* (eds. Graeme B. Dinwoodie/Mark D. Janis), Edward Elgar Press, 2008, pp. 261 e ss. (= New York University, Law and Economics Research Paper No. 06-39).

decorrem dos direitos e liberdades fundamentais – quer a liberdade de expressão (incluindo a liberdade artística), quer a de concorrência, da concorrência desleal, das práticas comerciais desleais (e, em particular, da publicidade comparativa)[139] ou até a *novas* defesas *complementares*, como o *shaming trademark bully*, que assenta na publicidade de comportamentos incorretos e violadores de normas sociais[140]. Para outros, a solução deve ser encontrada no próprio Direito de Marcas, verificando-se,

[139] Referindo-se especificamente à publicidade comparativa, cfr. M. Senftleben, "Public domain preservation in EU Trademark Law—A model for other regions?", *TMR*, 103 (2013), pp. 775-827 (pp. 820 e s.). Sobre a opinião do autor citado v. ainda nota 142. Quanto à liberdade de expressão e artística, cfr. W. Sakulin, *Trademark protection and freedom of expression: an inquiry into the conflict between trademark rights and freedom of expression under European, German, and Dutch law*, 2010 (disponível para consulta em: https://hdl.handle.net/11245/1.393053 [publicada como *Trademark protection and freedom of expression*, Wolters Kluwer, 2011]).

[140] O *trademark bullying* (ou *trademark trolling*) corresponde ao recurso pelo titular de uma marca a estratégias intimidatórias ou táticas de litigância abusivas – que vão além do que o Direito de Marcas, corretamente interpretado, permite – sobre outra pessoa, com vista a evitar o uso e/ou o registo de um sinal que considera próximo da sua marca (sobre este conceito, v. US Department of Commerce, *Report to Congress Trademark Litigation Tactics and Federal Government Services to Protect Trademarks and Prevent Counterfeiting*, April 2011, esp. p.15, disponível para consulta em: https://www.uspto.gov/sites/default/files/trademarks/notices/TrademarkLitigationStudy.pdf). Um dos principais problemas tem, precisamente, a ver com a determinação da existência de *bullying* ou meramente do exercício dos poderes conferidos por lei ao titular da marca.

Alguns dos casos mais conhecidos são os da *Monster Energy* (empresa que comercializa bebidas) contra uma pequena cervejeira que comercializa uma cerveja sob a marca *Vermonster* ou o da *Louis Vuitton*, que enviou uma *cease and desist letter* para um grupo de estudantes de propriedade intelectual da Faculdade de Direito da Universidade da Pensilvânia, para impedir o uso de algumas marcas *Louis Vuitton* na divulgação de um simpósio daquela Faculdade (v. https://ipkitten.blogspot.com/2016/06/the-metaphorical-trademark-bully-problem.html).

Para maiores desenvolvimentos sobre o tema, cfr. Leah Chan Grinvald, "Shaming trademark bullies", *Wisconsin Law Review*, (2011), pp. 625-689 (pp. 630 e ss.; p. 665), que sublinha a ineficácia do reforço das defesas existentes, uma vez que estas só poderão atuar depois de ser intentada uma ação judicial por violação de marca, não solucionando os numerosos casos que nem chegam aos tribunais por os alegados infratores se deixarem intimidar pela atuação dos *trademarks bullies* e ainda Peter Sloane, "Trademark bullying: legitimate problem or passing fad?", *World Trademark Review*, (2013), pp. 59-62.

também aqui, celeuma. Se alguns autores defendem que será suficiente interpretar e aplicar de forma rigorosa as normas respeitantes à violação do direito de marca e aos limites aos direitos conferidos pelo registo deste sinal[141], outros sustentam que se terá de ir mais longe, ampliando os últimos[142].

Abordaremos de seguida e de forma muito sucinta os requisitos de que depende a qualificação de um ato como violação de marca alheia (2.) e dos limites aos direitos conferidos pelo registo de marca (3.)[143], centrando-nos, em particular, no chamado "uso referencial" de marca de outrem e na existência de um "justo motivo" para tal uso por terceiro, de forma a ajuizar a necessidade ou a conveniência de alguma intervenção legislativa com vista a assegurar o (re)equilíbrio dos interesses em jogo e/ou do recurso a limites externos ao Direito de Marcas.

[141] Cfr., entre outros, R. Burrel/D. Gangjee, "Trade marks and freedom of expression: a call for caution", *The University of Queensland, TC Berine School of Law Legal Studies Research Paper Series* 10-05 (2010) e Michal Bohaczewski, "Conflicts between trade mark rights and freedom of expression under EU Trade Mark Law: reality or illusion?», *IIC*, 51 (2020), pp. 856-877.

[142] Cfr., entre outros, M. Senftleben, "Free signs and free use – How to offer room for freedom of expression within the trademark system", *Research Handbook on Human Rights and Intellectual Property* (ed. C. Geiger), Edward Elgar Publishing, 2015, pp. 354-376, esp. pp.355 e ss. O autor citado defende, para além da inclusão de um limite *geral* assente na existência de um «justo motivo» (cfr. M. Senftleben, "Adapting EU trademark law to new technologies: back to basics?", in: *Constructing European Intellectual Property: Achievements and new perspectives* (ed. C. Geiger), Edward Elgar Publishing, 2013, pp.137-176), a ampliação dos limites aos direitos conferidos pelo registo de uma marca (v. também nota 139), abarcando novas e apropriadas defesas no Direito de Marcas europeu para os casos de paródia, crítica e comentários e ainda nas áreas da investigação, do ensino e do uso com fins culturais (M. Senftleben, "Public domain preservation...", *cit.*, pp. 812, 817 e ss., esp. pp. 820 e ss.). Sublinhando também a necessidade de limitar os direitos conferidos pelo registo de marcas e evidenciando o papel que as funções da marca podem desempenhar, a esse nível, nas decisões do TJUE, na medida em que permitem limitar o exercício do direito aos casos em que o uso da marca manifestamente iniba uma concorrência leal e razoável, cfr. Annette Kur, "Trademarks function...", *cit.*, pp.11, pp. 46 e s.

[143] Por razões de economia, não abordaremos o esgotamento do direito de marca que constitui um dos limites aos direitos conferidos pelo registo da marca.

2. Os requisitos da violação da marca. Em especial, o uso por terceiro na vida comercial e o uso a título de marca

2.1. Enunciado geral

Sem prejuízo dos direitos adquiridos pelo titular antes da data da apresentação do pedido de registo ou da data da prioridade reivindicada[144], o registo da marca confere um direito exclusivo ao seu titular que lhe permite impedir que terceiros, sem o seu consentimento, usem, na vida comercial, relativamente a produtos e serviços, sinais que sejam: i) idênticos à marca e utilizados relativamente a produtos ou serviços idênticos àqueles para os quais a marca foi registada (casos de dupla identidade); ii) idênticos ou semelhantes à marca e utilizados relativamente a produtos ou serviços idênticos ou afins aos produtos ou serviços para os quais a marca foi registada, se existir risco de confusão ou associação no espírito do público e iii) idênticos ou semelhantes à marca, independentemente de serem utilizados relativamente a produtos ou serviços que sejam idênticos, afins ou não afins àqueles para os quais a marca foi registada, caso esta seja uma marca de prestígio, se a utilização desses sinais, sem justo motivo, tirar partido indevido do seu carácter distintivo ou do prestígio ou puder prejudicá-los (arts. 10.º, n.ºs 1 e 2 da DM, arts. 9.º, n.ºs 1 e 2 do RMUE e art. 249.º, n.º1 CPI).

2.2. O uso na vida comercial

Como referimos, o titular de qualquer marca registada – incluindo, naturalmente, as marcas de prestígio – apenas se poderá opor ao uso de um sinal idêntico ou semelhante ao seu se este uso ocorrer «na vida

[144] Esta afirmação é justificada no Considerando 17 da DM, onde se esclarece que "a fim de garantir a segurança jurídica e a plena coerência com o princípio da prioridade, segundo o qual uma marca registada anterior tem precedência sobre as marcas registadas posteriores, é necessário prever que o exercício dos direitos conferidos por uma marca não deverá prejudicar os direitos dos titulares adquiridos antes da data de depósito ou de prioridade da marca. Tal abordagem está em conformidade com o artigo 16.º, n.º 1, do Acordo sobre os Aspetos dos Direitos de Propriedade Intelectual relacionados com o Comércio, de 15 de abril de 1994 («Acordo TRIPS»)". V. igualmente o Considerando 12 do RMUE.

comercial»[145]/[146], abrangendo, entre outros, a aposição do sinal nos produtos ou na sua embalagem e a sua utilização em documentos comerciais e na publicidade[147].

Segundo a jurisprudência do TJUE, o uso ocorre efetivamente na "vida comercial" quando se situa no contexto de uma *atividade* qualificada, em termos substantivos, como *comercial*[148], que vise um *proveito económ-*

[145] V. art. 10.º, n.º 2 DM (que não apresenta alterações neste ponto específico relativamente à DM-08 – art.5.º, n.º1 e n.º2). V. também o art. 9.º, n.º2 do RMUE (cuja versão em inglês – «in the course of trade» – é idêntica à da DM, apesar de, na versão portuguesa, aquela expressão ter sido traduzida por «no decurso de operações comerciais»). Do art. 249.º do CPI decorre que o uso por terceiro que pode ser proibido é o que tenha lugar no exercício de *atividades económicas*. Salvo melhor entendimento, a interpretação do que constitui «uso no exercício de atividades económicas»/«uso no decurso de operações comerciais» deverá coincidir com o «uso na vida comercial» referido na DM, cfr. MARIA MIGUEL CARVALHO, "Artigo 249.º", in: AA. VV., *Código da Propriedade Industrial Anotado* (coord. Luís Couto Gonçalves), Almedina, Coimbra, 2021, p.964.
Nos EUA também se verifica esta limitação, pois o *Lanham Act* exige o *use in commerce* nos §§ 32 e 43 (15 U.S.C. §§ 1114, 1125(a)). Destacando que também tem sido esta a orientação jurisprudencial no ordenamento jurídico estado-unidense, Cfr. NARI LEE, "Public domain at the interface of Trade Mark and Unfair Competition Law – the case of referential use of trade marks", in: *Intellectual Property, Unfair Competition and Publicity – Convergences and Developments* (eds. Nari Lee/Guido Westkamp/Annette Kur/Ansgar Ohly), Edward Elgar Publishing, 2014, pp. 309 e ss. (disponível para consulta em: https://papers.ssrn.com/sol3/papers.cfm?abstract_id=2057604, pp. 14 e s.).

[146] Sem prejuízo dos casos em que se verifiquem limites a esses direitos (v. *infra* 3. Nesses casos, mesmo verificando-se o uso na vida comercial (e a título de marca) este não poderá ser proibido pelo titular da marca.

[147] V. ainda os restantes casos que integram o elenco *exemplificativo* do n.º3 do art. 10.º da DM, o art.11.º DM, os arts. 9.º, n.º3 e 10.º do RMUE e os arts. 249.º, n.º2 e 250.º do CPI.

[148] Não releva, por conseguinte, em termos absolutos a qualificação formal do sujeito que pratica o ato. Assim, quando uma pessoa singular vende um produto de marca num sítio de comércio eletrónico sem que esta transação se enquadre formalmente no contexto de uma atividade comercial, se as vendas aí efetuadas ultrapassarem, devido ao seu volume, frequência ou outras características, a esfera de uma atividade privada, considera-se que faz uso daquela marca na vida comercial (n.º 55 do Ac. TJUE (Grande Secção), de 12/7/11, proferido no proc. C-324-09, no caso "L'Óreal/eBay" (ECLI:EU:C:2011:474)). Da mesma forma, "uma pessoa, que não exerce uma atividade comercial a título profissional, que recebe, introduz em livre prática num Estado-Membro e conserva produtos que, manifestamente, não se destinam a uso privado, que foram expedidos para o seu endereço a partir de um país terceiro e nos quais, sem o consentimento do titular, é

mico[149], incluindo os atos preparatórios[150]. Além disso, tem-se exigido que o terceiro que pratica o ato assuma um comportamento *ativo* e um *domínio*, direto ou indireto, daquele[151]. São exemplos clássicos de *uso fora da vida comercial*, para além do uso na esfera privada[152], a utilização de uma marca alheia com fins pedagógicos ou científicos[153]; informativos[154]; artísticos[155]; de crítica[156] e de paródia[157]. Estes atos não podem, por isso, ser proibidos pelo titular da marca com fundamento *no Direito de Marcas*[158].

aposta uma marca, faz uso da marca na vida comercial" (Ac. TJUE, de 30/4/20, proferido no proc. C-772/18, no caso "INA" (ECLI:EU:C:2020:341)).

149 V., entre outros, o n.º 40 do Ac. TJUE, proferido no caso "Arsenal", *cit.*

150 *V.g.*, os atos de preparação para a atividade comercial e, portanto, relativos a um momento anterior à sua oferta no mercado, como é referido por Michal Bohaczewski (*op. cit.*, p. 859), que indica como exemplos os atos de reprodução da marca na fase de produção e o uso da marca na relação entre dois profissionais.

151 V., entre outros, os n.os 39 e 40 do Ac. TJUE, de 3/3/16, proferido no proc. C-179/15, no caso "Daimler", (ECLI:EU:C:2016:134).

152 *V.g.*, o caso de alguém decidir estampar ou bordar num pijama um símbolo igual ou semelhante ao de uma marca conhecida (p.e.,) que usa em casa.

153 *V.g.*, a referência a uma marca de um produto farmacêutico no âmbito de um estudo científico ou de uma marca no âmbito de uma aula, como sucede, várias vezes, ao longo desta lição.

154 *V.g.*, a referência a uma marca de um medicamento no âmbito da divulgação ao público, p.e., pelo INFARMED, da retirada de um produto (ou de um lote de produtos) do mercado.

155 *V.g.*, a icónica utilização da marca "Campbell Soup" na obra Campbell's Soup Cans (1962) de Andy Warhol.

156 V., p.e., o caso julgado em França sobre a utilização pela Greenpeace da marca "Esso", para chamar a atenção para questões ambientais, criticando o comportamento do titular desta marca, através do uso dos seguintes sinais: STOP ESSO, E$$O, STOP E$$O, . As decisões do *Tribunal de Grande Instance de Paris* (de 30/1/04), da Cour d'Appele de Paris (de 16/11/05) e da *Cour de Cassation* (de 8/4/08) foram no sentido de que não havia violação do direito de marca porque o sinal não era usado na vida comercial, nem como marca, acrescentando ainda que a Greenpeace não tinha abusado da liberdade de expressão. As referidas decisões podem ser consultadas, respetivamente, em: https://www.legalis.net/jurisprudences/tribunal-de-grande-instance-de-paris-3eme-chambre-2eme-section-jugement-du-30-janvier-2004/ e https://www.legalis.net/jurisprudences/cour-dappel-de-paris-4eme-chambre-section-a-arret-du-16-novembre-2005/.

157 *V.g.*, o caso da utilização de uma marca no âmbito de um programa televisivo de sátira (p.e., «Contra-Informação», da RTP, que utilizou o sinal «Foleirabella» como paródia do

Não obstante, existem casos – ditos "mistos" – em que esses usos, aparentemente não comerciais, podem, afinal, vir a ser qualificados como usos na "vida comercial", se os usuários puderem – como sucede, com alguma frequência, nos casos de paródia e usos artísticos – retirar proveito económico desta atividade[159]. Porém, mesmo em tais situações, poderá acontecer que tais utilizações não sejam abarcadas pelo *ius prohibendi* conferido ao titular da marca, dependendo do alcance de um outro requisito: o uso a título de marca. Vejamos.

2.3. O uso a título de marca

O *ius prohibendi* do titular da marca registada pode ser concebido tanto para abranger qualquer uso não consentido de um sinal idêntico ou semelhante à marca que se realize na vida comercial, como pode cingir-se ao seu *uso típico* – o uso por terceiro *a título de marca*[160]. Naturalmente,

programa televisivo «Floribella», da SIC, titular de, pelo menos, três registos de marca nacional que incluem a palavra «Floribella».

[158] O que não significa que não possam ser impedidos com base noutros fundamentos. Como MICHAL BOHACZEWSKI (*op. cit.*, p. 867) refere tais usos podem constituir abuso da liberdade de expressão ou denegrir e, por conseguinte, o seu autor pode incorrer em responsabilidade civil.

[159] Pense-se, por exemplo, no caso «Barbie». A *Mattel, Inc.* – titular daquela marca – intentou uma ação, nos EUA, por violação dos seus direitos de marca contra um grupo musical dinamarquês – *Aqua* e contra as editoras e distribuidoras discográficas envolvidas, na sequência da criação de uma música – intitulada «Barbie Girl» – e da divulgação do correspondente *videoclip*, cujas letras e imagens, segundo a *Mattel*, prejudicavam a imagem que esta promovia relativamente à boneca «Barbie». Todavia, o *United States District Court for the Central District of California*, que considerou que a letra da música era uma paródia da boneca e dos valores que esta passou a representar, sublinhou que os direitos de marca não são ilimitados e que – apesar de poder existir alguma confusão por causa da paródia – os interesses da *First Ammendment* prevaleciam (Mattel, Inc. v. MCA Records, Inc., 28 F. Supp. 2d 1120 – Dist. Court, CD California 1998). Esta decisão foi, de resto, confirmada pelo *United States Court of Appeals for the Ninth Circuit* (Mattel, Inc. v. MCA Records, Inc., 296 F. 3d 894 – Court of Appeals, 9th Circuit 2002). Sobre este caso, cfr., entre outros, JANE C. GINSBURG, "Intellectual property as seen by Barbie and Mickey: the reciprocal relationship of copyright and trademark law»", *Journal of the Copyright Society of the USA*, 65 (2018), pp.245 (= *Columbia Public Law Research Paper No. 14-567 (2017)*).

[160] FERNÁNDEZ-NÓVOA, "Marca", *cit.*, pp. 639 e s.

quanto maior for a amplitude do uso a que o titular da marca se pode opor, maior será a tutela que lhe é atribuída e menor será o espaço de liberdade do usuário. Se a violação da marca registada depender de um uso, não consentido, *a título de marca*, isso significa que o seu titular *apenas* poderá reagir nos casos em que um terceiro use, na vida comercial, um sinal idêntico ou semelhante àquela marca *para diferenciar os seus próprios produtos ou serviços*. Contudo, já não poderá reagir naquelas situações em que o uso seja feito para distinguir os produtos ou serviços do próprio titular da marca[161], nem, em regra, quando o uso de marca alheia for feito com outras finalidades[162].

A exigência deste requisito, que não decorre, habitualmente, de forma *expressa* da legislação[163] e que suscita controvérsia[164], mas que se compreende à luz do conceito e da função principal da marca, tem sido considerada, por alguma doutrina, especialmente estado-unidense, como um «botão-vermelho», um limite à extensão dos direitos conferidos ao titular

[161] Cfr. Ángel García Vidal, *op. cit.*, pp. 339-361 (pp.350 e s.; p. 354).

[162] V. *infra* 3., 3.1.

[163] Designadamente tal não sucede no âmbito do direito estado-unidense. Todavia, tal parece decorrer, *implicitamente*, dessa legislação. Neste sentido, cfr., por todos, Stacey L. Dogan/Mark A. Lemley, "Grounding Trademark Law Through Trademark Use", *Iowa Law Review*, 92 (2007), pp. 1669-1701 (p.1675). Em sentido diferente, cfr. Graeme Dinwoodie/Mark Janis, "Lessons from the trademark use debate", *Iowa Law Review*, 92 (2007), pp 1703-1721.

No caso do Direito Europeu de Marcas, a maioria da doutrina chegou à mesma conclusão com base na interpretação *a contrario sensu* do disposto no art. 5.º, n.º5 DM-89 e DM-08 – correspondente ao atual art. 10.º, n.º6 DM – que estabelece: "Os n.ºs 1, 2, 3 e 5 não afetam as disposições aplicáveis num Estado-Membro relativas à proteção contra a *utilização de um sinal para fins diversos dos que consistem em distinguir os produtos ou serviços*, desde que a utilização desse sinal, sem justo motivo, tire partido indevido do carácter distintivo ou do prestígio da marca ou os prejudique" (itálicos nossos). Com várias indicações bibliográficas a favor e contra este entendimento, cfr. Ángel García-Vidal, *op. cit.*, pp. 348 e s., n. 4. O TJUE, como referimos em 2.3.1., pelo menos inicialmente aderiu a esta tese, acrescentando ao argumento indicado a proteção da função jurídica principal da marca. Importa ainda ter presente a inclusão, no Considerando 18 da DM vigente, da referência ao uso "para efeitos de distinção de produtos ou serviços" como requisito para a violação da marca (v. *infra* 2.3.3.).

[164] Referindo-se à interpretação distinta no ordenamento alemão e francês, cfr. Annette Kur, "Trademarks function...", cit., p.3.

da marca registada[165]. E, apesar de alguns autores rejeitarem esta, jocosamente apelidada, "teoria maravilha" ou "panaceia"[166] dos males do direito de marcas, cumpre sublinhar que excecionam esta apreciação no que respeita ao direito europeu, considerando, entre outras razões, a proteção absoluta conferida pela DM nos casos de dupla identidade e o carácter restritivo da interpretação pelo TJUE dos limites aos direitos conferidos ao titular da marca[167], argumento especialmente impressionante na medida em que, à data, aqueles autores não antecipavam a extensão jurisprudencial das funções da marca e que, por conseguinte, o reforçam.

2.3.1. A ampliação da tutela da marca decorrente da interpretação do TJUE do «uso como marca»

Com efeito, o TJUE já teve ocasião de se pronunciar sobre o requisito do uso a título de marca em vários acórdãos, embora de forma nem sempre coerente.

Inicialmente, limitou o *ius prohibendi* aos casos em que o uso do sinal é feito, pelo terceiro, a título de marca[168]. Todavia, fê-lo apenas formalmente (ou, na melhor das hipóteses, de uma forma demasiadamente ampla), pois estando em causa no caso *sub judice* "uma situação em que o uso da marca BMW foi feito a fim de *informar* o público de que o anunciante efectua a reparação e a manutenção de veículos BMW ou que é especializado ou especialista na venda ou na reparação e manutenção de tais veículos", considerou tratar-se "efectivamente de uma utilização da

[165] Cfr., entre outros, Stacey L. Dogan/Mark A. Lemley, "Grounding ...", *cit.*, p.1670.

[166] Cfr., por todos, Graeme B. Dinwoodie/Mark D. Janis, "Confusion over use: contextualism in Trademark Law", *Iowa Law Review*, 92 (2007), pp. 1597-1667 (pp. 1605; 1657 e ss. e p. 1622). Rejeitando que esta seja uma "teoria maravilha", uma "bala de prata" ou uma "panaceia para todos os males", cfr. Stacey L. Dogan/Mark A. Lemley, "Grounding ...", *cit.*, pp.1673 e s., que assumem o carácter limitado desta ferramenta para identificar tipos de comportamentos que não podem constituir violação do direito de marca.

[167] Cfr. Graeme B. Dinwoodie/Mark D. Janis, "Confusion over use...", *cit.*, p.1648, n. 221.

[168] V. Ac. TJUE, de 23/2/99, proferido no âmbito do processo C-63/97, no caso "BMW", n.º 38 (ECLI:EU:C:1999:82).

mesma marca para distinguir os produtos em causa enquanto objecto dos serviços prestados pelo anunciante"[169].

Mais tarde, reafirmou a exigência do uso a título de marca, parecendo reajustá-la, em moldes corretos, no caso "Hölterhoff" (onde se entendeu que a mesma não se verificava, pois o sinal era usado para indicar a origem empresarial de produtos alheios[170]), posição que manteve em acórdãos subsequentes[171]. Porém, o mesmo Tribunal acabou por voltar a incluir no «uso a título de marca» situações em que o sinal é usado por um terceiro, não para distinguir os seus próprios produtos ou serviços, mas *para referir os do titular da marca* em questão. Foi o que sucedeu no caso "O2"[172].

Este posicionamento, mais ou menos errático, tem sido visto por alguns autores como uma demonstração da inviabilidade de este requisito para a violação da marca poder funcionar como filtro das situações em que o titular da marca não merece tutela jurídica[173] e esta conclusão foi exponenciada pela ampliação da tutela conferida ao titular da marca decorrente das decisões do TJUE proferidas nos casos "Arsenal" e

[169] V. n.os 36 e 38 do Ac. "BMW". Criticamente cfr. Ángel García Vidal, *op. cit.*, pp. 353 e s. e, entre nós, Nogueira Serens, "Aspectos do princípio da verdade", *BFDUC*, Volume Comemorativo (2003), pp. 577 e ss. (pp. 634 e s., n. 48).

[170] V. o Ac. TJUE, de 14/5/02, proferido no proc. C-2/00, caso "Hölterhoffe", n.º17 (ECLI:EU:C:2002:287).

[171] V. o n.º28 do Ac. TJUE, de 25/1/07, proferido no proc. C-48/05, caso "Adam-Opel" (ECLI:EU:C:2007:55). Aqui foi, porém, ressalvada a hipótese específica de o uso de uma marca por um terceiro que presta serviços ter por objeto os produtos que ostentam essa marca, como sucedeu no caso "BMW".

[172] V. Ac. TJUE, de 12/6/08, proferido do proc. C-533/06, no caso "O2", n.º36 (ECLI: EU:C:2008:339), em que se apreciou a utilização por um anunciante, numa publicidade comparativa, de um sinal semelhante à marca de um concorrente para identificar os produtos/serviços oferecidos e que foi "considerada uso relativamente aos produtos ou aos próprios serviços do anunciante". Sublinhe-se ainda que, neste caso, acabou por ser recusada a possibilidade de reação por parte do titular da marca, uma vez que aquele uso não lesava, nem era suscetível de lesar a função essencial da marca que é garantir aos consumidores a proveniência dos produtos ou dos serviços, devido a um risco de confusão no espírito do público (v. n.os 63 e 69).

[173] Cfr., entre outros, Łukasz Zelechowski, "Invoking freedom of expression and freedom of competition in trade mark infringement disputes: legal mechanisms for striking a balance", *ERA Forum*, 19 (2018), pp. 115–135 (p. 120).

"L'Óreal/Bellure"[174]. De facto, decorre desta jurisprudência que o leque de usos não consentidos que podem ser proibidos pelo titular de marca alheia é particularmente amplo nos casos de dupla identidade, na medida em que aquele resultado é admitido, *mesmo que não exista suscetibilidade de confusão dos consumidores quanto à proveniência empresarial dos produtos ou serviços marcados*, desde que se verifique a violação de *uma das outras funções* da marca, o que se torna ainda mais problemático se se considerar o alcance da proteção das marcas de prestigio[175].

2.3.2. A tentativa de redimensionamento dos requisitos legais para a violação da marca nos trabalhos preparatórios da atual DM

Foi neste quadro que a Comissão Europeia apresentou, em 2013, a proposta de Diretiva que já referimos[176] e que clarificava expressamente que, *nos casos de dupla identidade e de semelhança*, é apenas a *função de origem* que conta, apoiando que tal ficasse expressamente estabelecido nos Considerandos 18 e 19 e também na parte final do art. 10.º, n.º1, al.ª a).

Acresce que a Comissão do Mercado Interno e da Proteção dos Consumidores instou a Comissão dos Assuntos Jurídicos, no Parecer que lhe apresentou[177], a incorporar no seu relatório algumas alterações que consubstanciavam um claro reforço da proposta inicial da Comissão, embora sem sucesso.

[174] V. *supra* I., 4., 4.3.

[175] Em sentido diferente, Ł. Zelechowski (*op. cit.*, pp.122 e 123) refere que o resultado é que a teoria das funções da marca não parece ser uma espada de um gume, que sirva apenas como instrumento da expansão descontrolada do exclusivo da marca, na medida em que pode permitir, quando necessário, a recusa de proteção ao titular da marca. Assim, constitui também um fator positivo, pelo menos na medida em que pode ser usada como um (dos) mecanismo(s) para equilibrar os interesses nos casos de dupla identidade.

[176] V. *supra* I., 5.

[177] Parecer da Comissão do Mercado Interno e da Proteção dos Consumidores (7/11/2013) dirigido à Comissão dos Assuntos Jurídicos sobre a proposta de Diretiva do Parlamento Europeu e do Conselho que aproxima as legislações dos Estados-Membros em matéria de marcas (Reformulação) (COM (2013)0162 – C7-0088/2013 – 2013/0089 (COD)), disponível para consulta em: https://www.europarl.europa.eu/doceo/document/A-7-2014-0032_PT.html?redirect#title5.

> Neste Parecer sugeriu-se a substituição da expressão "que consiste em garantir a origem comercial dos produtos ou serviços" da proposta de Considerando 19 da Comissão pela introdução de duas novas previsões – os Considerandos 19-A e 19-B, que estabelecessem que "a principal função de uma marca consiste em garantir ao consumidor ou ao utilizador final a origem do produto, permitindo-lhes distinguir, sem qualquer risco de confusão, esse produto de outros que tenham origem diferente" e que "para determinar se a principal função de uma marca é afetada, é fundamental interpretar esta disposição à luz do artigo 11.º da Carta dos Direitos Fundamentais da União Europeia [CDFUE] e do artigo 10.º da Convenção Europeia dos Direitos do Homem [CEDH], a fim de garantir o direito fundamental à liberdade de expressão". Acrescia ainda a proposta de alteração da parte final do texto do art. 10.º, n.º2, al.ª a) da Proposta da Comissão que passaria a ter a seguinte redação: "o sinal for idêntico à marca e for utilizado para produtos ou serviços idênticos àqueles para os quais a marca foi registada e se esta utilização afetar ou for suscetível de afetar a função da marca de garantir aos consumidores a origem dos produtos ou serviços, *permitindo-lhes distinguir, sem qualquer risco de confusão, esse produto de outros que tenham origem diferente*" (itálico nosso).

A proposta da Comissão constituiria uma forma de reequilibrar os interesses em jogo através de uma delimitação mais rigorosa dos direitos conferidos ao titular da marca, mas acabou por ser rejeitada pelo Parlamento Europeu, sem que tenha sido apresentada qualquer justificação expressa para o efeito[178]. Esta recusa pode estar relacionada com o facto – que referiremos mais adiante – de o Parlamento Europeu poder ter pretendido adotar uma estratégia distinta no que respeita ao (re)equilíbrio dos interesses em jogo, optando pela *ampliação dos limites dos direitos* conferidos ao titular da marca[179].

[178] V. alterações 5 e 30 da Resolução legislativa do Parlamento Europeu sobre a proposta de diretiva em matéria de marcas, *cit.*, pp. 265 e ss. Sobre as críticas dirigidas à Proposta da Comissão, cfr., com várias indicações bibliográficas, Annette Kur, "Trademarks function...", *cit.*, esp. pp.6 e ss.

[179] V. *infra* 3.

2.3.3. O requisito da utilização da marca alheia para efeitos de distinção de produtos ou serviços no atual Direito Europeu de Marcas

Na versão aprovada da DM o Considerando 18 estabelece que "é conveniente prever que as *violações de direitos* conferidos pelas marcas *só podem ser determinadas* se se concluir que a marca ou o sinal do infrator é utilizado na vida comercial *para efeitos de distinção de produtos ou serviços*"[180] (itálicos nossos). Daqui parece resultar a exigência, *em qualquer caso de violação*, da verificação do requisito de que o uso de marca alheia seja feito *a título de marca* e, atendendo ao recorte mais rigoroso deste requisito, para que o titular da marca possa invocar a violação do seu sinal, há quem defenda a desnecessidade de estabelecer mais (e novos) limites ao direito de marca[181]. Porém, continua a não ser esclarecido se tal uso visa os produtos ou serviços do alegado infrator ou do titular da marca, sendo ainda prematura qualquer conclusão relativamente ao posicionamento do TJUE face à clarificação, que "apenas"[182] consta de um Considerando.

Admitindo-se que não será surpreendente a manutenção da interpretação vaga e ampla no que respeita às funções da marca – especialmente no que respeita às marcas de prestígio –, pode, afinal, vir a acontecer que se chegue a um resultado próximo do que referimos relativamente às versões anteriores da DM[183]. Não obstante, cremos que a solução para evitar

[180] E ainda que "a utilização do sinal para efeitos que não sejam os de distinção de produtos ou serviços deverá ser regulada pelas disposições do direito nacional".

[181] MICHAEL BOHACZEWSKI, *op. cit.*, pp. 864 e s. O autor defende que este requisito impedirá o titular de uma marca de proibir, p.e., a citação daquele sinal numa notícia (ainda que esse sinal possa recordar o público dos produtos do seu titular) ou a sua apresentação num filme, como sucedeu no caso «Dolce & Gabbana», julgado em França, a propósito do uso daquela marca com uma menção relativa a «desconto» numa *t-shirt* usada por uma personagem do filme "Camping 2" (v. a decisão, de 10/11/11, do *Tribunal de Grande Instance de Paris, 3e chambre 4e section*, n° 10/09164, disponível para consulta em: https://www.doctrine.fr/d/TGI/Paris/2011/FR54270378E438749AB14C).

[182] Sem prejuízo do valor hermenêutico deste Considerando.

[183] Na doutrina portuguesa, apesar de defender que "o direito do titular só é infringido se o sinal em causa estiver a ser usado por um terceiro *como marca* [os itálicos são nossos; no texto original o realce está em *bold*], e não com finalidade diversa", PEDRO SOUSA E SILVA admite que "no limite, o titular poderá ainda impedir o uso de *outros sinais distintivos* iguais ou confundíveis, mas apenas se esta utilização puser em causa as funções da marca, nomeadamente a indicativa (ao relacionar indevidamente produtos ou serviços alheios

tal desfecho não tem de passar, inevitavelmente, pelo recurso a limites externos ao Direito de Marcas, já que existem outros ainda no âmbito do regime jurídico marcário que importa considerar e que, se corretamente interpretados, podem eficazmente filtrar as situações em que o titular da marca registada não merece tutela jurídica, apesar de, *prima facie*, existir uma violação do seu direito de marca. Com efeito, é importante ter-se bem presente que "quanto mais fracos forem os limites inerentes ao direito exclusivo de marca [as "salvaguardas implícitas da liberdade dos usuários"], mais forte será a necessidade de adoção de exceções que explicitamente isentem certas formas de uso do controlo pelo titular da marca"[184]. E, apesar de os Estados-membros continuarem a poder regular livremente a utilização do sinal para efeitos que não sejam os de distinção de produtos ou serviços (Considerando 18 e art. 10.°, n.°6 DM), há determinados usos com finalidade *não distintiva* que não podem ser impedidos, com base no Direito de Marcas, pelo titular do registo, como referimos em seguida. A determinação do exato sentido e alcance destes limites é, pois, crucial para se aferir se, globalmente, o Direito de Marcas consegue atingir o almejado equilíbrio de interesses ou se é necessário e, sendo o caso, se é possível recorrer a limites externos a este domínio jurídico.

3. A amplitude dos limites aos direitos conferidos pelo registo de marcas no âmbito da vida comercial

Para além de não poder proibir utilizações da sua marca que ocorram fora da vida comercial, o titular da marca registada também não se pode opor a *determinadas* utilizações da sua marca, *mesmo quando ocorram no âmbito da vida comercial*[185]. Referimo-nos, especificamente, aos casos de uso por

com o titular da marca) ou a função publicitária (afectando ou abusando da capacidade distintiva ou do prestígio da marca que o tenha)", *Direito Industrial*, cit., p. 297.

[184] M. Senftleben, "Public domain...", *cit.*, p. 819.

[185] Uma vez mais, o legislador português continua a adotar uma terminologia formalmente distinta (v. art.254.°CPI, que se refere ao uso na sua "atividade económica", tal como já acontecia anteriormente, v. art. 260.° CPI-03), o mesmo sucedendo com a versão portuguesa da DM e do RMUE ("no decurso de operações comerciais" – arts. 14.°), que assim se afasta da referência, na versão em inglês daquelas normas, ao uso "in the course of trade". Salvo melhor entendimento, a interpretação do que constitui "uso no

terceiro de uma marca alheia com finalidade descritiva, *desde que em conformidade com as normas e os usos honestos em matéria industrial e comercial.*

3.1. O limite decorrente do uso descritivo de marca alheia

3.1.1. Caracterização das *fattispecies*

As normas que regulam as *fattispecies* a que nos referimos assumem diferentes epígrafes – limitação ou exceções –, nomeadamente no Direito Europeu de Marcas[186] e nos Acordos Internacionais[187]. Todavia, e não obstante a falta de coincidência terminológica, cremos ser mais correta a referência a limites, fundamentalmente por duas razões. Em primeiro lugar, porque a regra é a liberdade, não é o exclusivo e, como muito elucidativamente Geiger recorda, a referência a «exceções» sugere que os usos permitidos são «ilhas de liberdade num mar de exclusividade», quando, na verdade, os direitos exclusivos é que deveriam ser descritos como «ilhas num mar de liberdade»[188]. Em segundo lugar, porque a forma como esta norma se relaciona, em termos sistemáticos, com a que prevê os direitos conferidos pelo registo parece apontar também no sentido de se tratar de *limites* àqueles direitos. Com efeito, como referimos no

exercício de atividades económicas"/"no decurso de operações comerciais" deverá coincidir com o "uso na vida comercial" referido, na versão em inglês, na DM e no RMUE.

[186] Atendendo a que o regime jurídico é idêntico, em termos substantivos, no RMUE (art. 14.º) e no CPI (art. 254.º) ao fixado no art.14.º DM, por comodidade, no texto referiremos apenas este último. Ressalva-se alguma divergência que mereça ser assinalada, como é, por agora, o caso das epígrafes, que são, respetivamente, "Limitação dos efeitos da marca da UE" e "Limitações aos direitos conferidos pelo registo".

[187] V. art. 17.º ADPIC. No domínio dos Direitos de Autor, cfr., entre nós, Tito Rendas, *Exceptions in EU Copyright Law: in search of a balance between flexibility and legal certainty*, 2020 (tese de doutoramento disponível para consulta em: http://hdl.handle.net/10400.14/31440 [entretanto, publicada, com o mesmo título, pela Wolters Kluwer, 2021]), esp. pp.65 e ss., que conclui que o uso indistinto das expressões se deve à falta de uniformidade no plano nacional dos Estados-Membros. O Autor citado defende que da perspetiva técnico-legislativa o termo mais apropriado para referir os usos permitidos é «exceções», na medida em que derrogam a regra geral, ao passo que os limites são requisitos inerentes para a aplicabilidade do direito.

[188] C. Geiger, "Fundamental Rights, a Safeguard for the Coherence of Intellectual Property Law?", *IIC*, 35 (2004), pp.268-280 (p.272).

ponto anterior, excetuada a hipótese de o ordenamento jurídico nacional o permitir, o titular de uma marca nacional não pode proibir usos da marca realizados com finalidade diferente da de distinção de produtos ou serviços. Por isso, como Ángel García Vidal afirma, o que está aqui em causa é uma particular forma de configuração de limites estruturais aos direitos conferidos pelo registo[189].

3.1.2. As práticas honestas em matéria industrial e comercial

A DM estabelece no Considerando 27 que "os direitos exclusivos conferidos por uma marca não deverão conferir ao titular o direito de proibir a utilização, por terceiros, de sinais ou indicações que sejam utilizados de forma lícita, ou seja, em conformidade com práticas honestas em matéria industrial e comercial (...)" e repete a mesma fórmula no art. 14.º, n.º2, depois de enunciar *taxativamente* os três casos em que tal pode acontecer, habitualmente referidos pela doutrina como "uso descritivo de marca alheia" (em sentido amplo).

Para além da utilização de um sinal igual ou semelhante a uma marca alheia por esta coincidir com o nome ou domicílio de uma pessoa singular (al.ª a)) ou ser igual ou semelhante a uma indicação descritiva do produto ou serviço[190] (al.ª b)), estão previstos, na al.ª c), os casos de uso descritivo da marca em sentido estrito (*referential use*), i.e., as hipóteses de uso da marca para efeitos de *identificação ou referência* a produtos ou serviços *como sendo os do titular dessa marca*, em especial nos casos em que a utilização da marca seja necessária para indicar o destino de um bem ou serviço, nomeadamente enquanto acessório ou peça sobressalente. Trata-se, portanto, de situações em que a marca alheia é usada para *referir* – descritivamente – *os produtos ou os serviços do titular da marca assinalados por aquele sinal*, como sucede, p.e., quando uma empresa comercializa proteções para telemóveis, apondo na respetiva embalagem, para além da sua eventual marca, a indicação dos modelos e marcas de telemóveis

[189] Ángel García Vidal, *op. cit.*, p. 360.

[190] Está em causa o uso "de sinais ou indicações que não são distintivos ou que se referem à espécie, qualidade, quantidade, destino, valor, proveniência geográfica, época de produção do produto ou da prestação do serviço ou a outras características dos produtos ou serviços" (art. 14.º, n.º1, al.ª b) DM).

a que aquelas se destinam, usando as respetivas marcas (alheias)[191], *v.g.*, « iPhone» ou «Samsung».

O titular de uma marca não poderá proibir estes usos se estiverem em conformidade com as «práticas honestas em matéria industrial ou comercial» (arts. 14.º, n.º2 da DM e do RMC) ou, na terminologia adotada no CPI, com «as normas e os usos honestos em matéria industrial e comercial» (art. 254.º)[192]. Estas expressões apresentam semelhanças inegáveis com a que consta, em matéria de concorrência desleal, do art. 10.º *bis* CUP ("usos honestos em matéria industrial ou comercial") e, no ordenamento português, do proémio do n.º1 do art. 311.º CPI ("normas e usos honestos de qualquer ramo de atividade económica")[193], servindo – tal como naquele instituto – para a valoração da licitude das condutas, com base

[191] Cfr. Maria Miguel Carvalho, "A utilização descritiva da marca", *RDI*, 2 (2014), pp. 77-94 (p. 86). Para maiores desenvolvimentos, cfr. Maria Miguel Carvalho, "Artigo 254.º", in: Aa. Vv., *Código da Propriedade Industrial Anotado* (Coord. Luís Couto Gonçalves), Almedina, Coimbra, 2021, pp. 989 e ss.
Como resulta do que já referimos, estamos a abordar hipóteses de uso *na vida comercial* de sinais conflituantes com uma marca anterior, pelo que, *prima facie*, são abrangidas pelo direito exclusivo do titular desta marca e só não será assim se existir alguma limitação a este direito, como sucede nas hipóteses de uso descritivo da marca. Por isso, quando afirmamos que o art. 14.º da DM não se refere ao uso a título de marca, fazemo-lo por entendermos – como resulta do exposto anteriormente – que o uso marcário significa que um terceiro usa um sinal (conflituante com uma marca anterior) para *distinguir os seus próprios produtos ou serviços*, diferenciando esta situação (que é abarcada pelo art. 10.º DM) do caso do art. 14.º e, em especial, do n.º1, da al.ª c) deste preceito, em que um terceiro usa um sinal idêntico a uma marca anterior para se referir, precisamente, aos produtos ou serviços assinalados *pelo titular daquele sinal* com aquela marca. Criticamente sobre esta posição, cfr. Nuno Sousa e Silva, *op. cit.*, p. 267, n.1111.

[192] Desvalorizamos a falta de coincidência integral das duas expressões, entendendo que no CPI em vigor se preferiu manter a expressão tradicionalmente usada no ordenamento português, sem que tal implique qualquer desvio em termos substantivos do significado da expressão adotada na DM. Sobre a norma portuguesa, v. nota seguinte.

[193] A expressão usada pelo legislador português, no art. 254.º, mistura a que figura na DM ("práticas honestas em matéria industrial ou comercial") com a que utiliza no âmbito da concorrência desleal ("normas e usos honestos de qualquer ramo de atividade económica"). Sobre a interpretação da norma nacional respeitante à concorrência desleal e, em especial, o significado e a conciliação da referência às normas e dos usos, cfr. José de Oliveira Ascensão, *Concorrência Desleal*, *cit.*, pp. 153-155. Cfr. ainda Ana Clara Azevedo de Amorim, *op. cit.*, pp. 63 e s. e Nuno Sousa e Silva, *op. cit.*, pp. 221 e ss.

num critério *ético comercial* ("em matéria industrial e comercial"). Deste modo, procura-se, também por esta via, proceder ao necessário equilíbrio entre o interesse do titular da marca, os interesses de terceiros e o interesse público geral[194]. Todavia, a densificação que o TJUE tem feito deste conceito indeterminado – entendendo-o como "expressão de uma obrigação de *lealdade* em relação aos *interesses legítimos do titular de uma marca*" (itálicos nossos)[195]/[196], com o que evidencia ainda mais a sua proximidade ao instituto da concorrência desleal – acentua, como se verá, o pendor para a tutela dos interesses do titular da marca[197].

No âmbito dessa jurisprudência já foi decidido que serão desconformes com as práticas e os usos honestos em matéria industrial e comercial: (i) a utilização da marca que cause a impressão no público interessado de que existe uma relação comercial entre quem a usa e os seus produtos/

[194] Tal como acontece também no âmbito dos direitos de autor. Sobre as exceções no âmbito dos Direitos de Autor, cfr., entre nós, Tito Rendas, *op. cit.*, *passim.*

[195] Acs. TJUE, caso "BMW", n.° 61; de 7/1/04, proferido no proc. C-100/02, no caso "Gerolsteiner Brunnen", n.° 24 (ECLI:EU:C:2004:11) e 17/3/05, proferido no proc.C-228/03, no caso "Gillette", n.°41 (ECLI:EU:C:2005:177). A verificação da conformidade com as práticas e os usos honestos em matéria industrial e comercial implica a apreciação global de todas as circunstâncias pertinentes (v. n.°26 Ac. "Gerolsteiner Brunnen"); da (in)existência de uma ligação pelo público visado (ou por uma parte significativa deste) entre os produtos do terceiro e o titular da marca ou de uma pessoa habilitada a utilizar a marca; da (falta de) consciência, pelo terceiro, da existência de tal ligação e, se se tratar de uma marca com uma certa fama, da (im)possibilidade de o terceiro poder beneficiar desta na comercialização dos seus produtos (v. n.° 83 do Ac. TJUE (Grande Secção), de 16/11/04, proferido no proc. C-245/02, no caso «Anheuser-Busch» – ECLI:EU:C:2004:717).

[196] Ilanah Simon Fhima ("Normative and honest practices in industrial and commercial matters – a very european history", *IPQ*, 117 (2007), pp. 22 e ss.) critica a aproximação que parece resultar desta formulação aos casos de esgotamento do direito de marca, pois não é claro que as considerações respeitantes à liberdade de circulação sejam aplicáveis nestes casos, em que está em causa o equilíbrio entre os interesses dos titulares das marcas e de outras entidades que estão ativas no mercado (e não o equilíbrio entre os interesses do titular da marca e da liberdade de circulação) e propõe que o foco seja a função essencial da marca.

[197] Mais adiante retomaremos este ponto, a propósito da necessidade ou conveniência de uma cláusula de salvaguarda mais aberta, compatibilizando a interpretação deste conceito indeterminado com o sentido resultante das alterações introduzidas, nomeadamente, no âmbito dos Considerandos da DM e do RMUE. V. *infra* 3.1.4.

serviços e o titular da marca ou a pessoa autorizada para usá-la; (ii) o uso que suponha um aproveitamento indevido do carácter distintivo ou do prestígio da marca alheia; (iii) o uso que denigra ou desacredite a marca e (iv) a apresentação dos produtos como imitação ou reprodução dos produtos de cuja marca não é o titular[198].

Os casos que integram este elenco jurisprudencial *exemplificativo* evidenciam um certo mimetismo relativamente à proteção conferida às marcas de prestígio[199], apesar da omissão – cuja *ratio* é discutível[200] – da referência ao prejuízo causado ao carácter distintivo. Mais adiante retomaremos este ponto (v. *infra* 3.1.3.). Por agora, importa analisar, muito brevemente, o caso específico do uso descritivo em sentido estrito de marca alheia e, em particular, as alterações decorrentes da reforma do Direito Europeu de Marcas, não apenas pelo facto de tais modificações terem ampliado este limite dos direitos do titular da marca, mas também porque, durante os trabalhos preparatórios, foram sugeridas outras alterações que poderiam estendê-lo ainda mais, e que, na versão final aprovada, se quedaram por uma previsão (parcial) nos Considerandos, cujo exato alcance é controvertido.

3.1.3. O uso descritivo (em sentido estrito) de marca alheia

No texto da DM-88[201] estabelecia-se que o direito conferido pela marca não permitia ao seu titular proibir o uso da marca, na vida comercial, por terceiros, sempre que tal fosse *necessário* para indicar o destino de um produto ou serviço (nomeadamente sob a forma de acessórios ou de peças sobressalentes) e desde que esse uso fosse feito em conformidade com

[198] V. n.º49 do Ac. TJUE proferido no caso "Gillette".

[199] A este propósito v. os n.ºs 91 e 95 do Ac. TJUE, proferido no caso "Interflora".

[200] Cfr. Ilanah Simon Fhima ("Normative...", *cit.*, p. 16) que refere que a interpretação do TJUE pode ser o resultado de uma mistura do desenvolvimento histórico do direito de marcas europeu com o contexto factual em que a defesa foi apreciada nos casos iniciais, em vez de constituir uma decisão rigorosa com vista à definição da defesa por referência a alguns elementos do prejuízo mencionados no art. 5.º, n.º2 [da DM. Leia-se hoje: art. 10.º, n.º2], mas não outros. Refira-se, todavia, que a Comissão Europeia, como é explicitado, incluiu o prejuízo do carácter distintivo na sua proposta de alargamento nesta matéria. V. *supra* 2.3.2.

[201] V. art.6.º, n.º1, al.ª c), art. 12.º do RMC e, com pequenas diferenças, art. 260.º CPI-03.

as práticas honestas em matéria industrial ou comercial. Atualmente, a DM consagra um *princípio geral de admissibilidade do uso referencial da marca* (i.e., a licitude de *qualquer uso* feito por terceiro *para identificar ou referir produtos ou serviços como sendo os do titular dessa marca*), *desde que* em conformidade com as práticas honestas em matéria industrial e comercial. Além disso, refere-se – agora a título exemplificativo («em especial») – o caso de a utilização da marca ser necessária para indicar o destino de um bem ou serviço (nomeadamente enquanto acessório ou peça sobressalente) – art. 14.º, n.º1, al.ª c) e n.º2 DM[202].

No que respeita aos requisitos *específicos* da previsão da al.ª c) do n.º1 do art. 14.º da DM vale a pena sublinhar três aspetos. Primeiro, o uso lícito é o que é feito por terceiro *para identificar ou referir produtos ou serviços* como sendo os do titular dessa marca, ou seja, *só* é lícito *este* tipo *específico* de uso sem finalidade distintiva[203]: o uso *referencial*. Segundo, a atual letra da lei esclarece que o que está em causa é o uso de uma marca alheia, por terceiro, para identificar ou referir *os produtos ou serviços assinalados com aquela marca pelo seu titular*, harmonizando-se assim perfeitamente com a norma que atribui o direito ao titular da marca de impedir usos de sinais idênticos ou semelhantes à sua marca com finalidade distintiva relativamente aos produtos ou serviços de outrem (art. 10.º, DM). Terceiro, desapareceu o requisito de tal identificação ou referência ter de ser *necessária*[204].

Por outro lado, importa sublinhar que, para além de ter precisado com maior rigor o alcance da norma, o legislador europeu também o ampliou, pelo menos teoricamente. Com efeito, a opção por um elenco *exemplificativo* de uso referencial indicia que podem existir, em concreto, *outros casos de uso referencial*, desde que em conformidade com as práticas honestas

[202] No CPI a previsão consta da al.ª c) do art. 254.º e o requisito da conformidade às normas e usos honestos em matéria industrial ou comercial encontra-se no proémio.

[203] Mantém-se, todavia, a possibilidade de os Estados-membros regularem a utilização de um sinal para fins diversos dos que consistam em distinguir os produtos ou serviços, desde que a utilização desse sinal, sem justo motivo, tire partido indevido do carácter distintivo ou do prestígio da marca ou os prejudique (art. 10.º, n.º6 DM).

[204] Este requisito, contudo, mantém-se para a hipótese referida, a título de exemplo, de a utilização da marca ser necessária para indicar o destino de um bem ou serviço.

em matéria industrial e comercial[205]. Para se conseguir determinar o sentido e o alcance desta disposição importa atender aos trabalhos preparatórios da DM.

Do *Study on the Overall Functioning of the European Trade Mark System*, que serviu de base à apresentação pela Comissão Europeia da Proposta de DM em 2013, constavam três propostas relativamente à norma que regula os limites do direito de marca[206]: i) propôs-se a introdução de uma cláusula geral de *fair use*, para conferir flexibilidade a situações ainda não previstas na legislação, apoiando-se a adoção de uma técnica legislativa que combinasse uma exceção geral com exemplos específicos[207]; ii) sugeriu-se que fossem indicados os usos que não seriam considerados em conformidade com as práticas comerciais honestas[208] e iii) apoiou-se a previsão genérica do uso referencial de marca alheia, bem como de uma listagem exemplificativa deste tipo de uso, que incluísse, para além dos casos em que a utilização da marca seja necessária para indicar o destino de um produto sobressalente, a utilização com finalidade de comentário ou crítica; a especificação de que as paródias, sendo formas particulares de crítica ou comentário, também caem no âmbito da referida previsão e a licitude do uso para efeitos de publicidade comparativa, que respeite as condições previstas na DPEC.

A Comissão Europeia, na proposta que apresentou, optou por incluir no preceito respeitante aos limites do direito de marca uma *presunção de desconformidade com as práticas no domínio industrial ou comercial*, quando a utilização do sinal do terceiro "(a) dá a impressão de que existe uma ligação comercial entre o terceiro em causa e o titular da marca; (b) confere

[205] V. *infra* 3.1.5. e 3.1.7.
No mesmo sentido, cfr. Ł. Zelechowski, *op. cit.*, p. 127.

[206] V. *Study...*, cit., pp. 120-123.

[207] Como sucede nos arts. 5.º a 9.º da Directiva 2005/29/CE do Parlamento Europeu e do Conselho, de 11 de Maio de 2005, relativa às práticas comerciais desleais das empresas face aos consumidores no mercado interno e que altera a Directiva 84/450/CEE do Conselho, as Directivas 97/7/CE, 98/27/CE e 2002/65/CE e o Regulamento (CE) n.º 2006/2004 (*JO L* 149, 11/6/05, pp. 22-39).

[208] Tendo sido indicados os casos de uso de sinal que crie a impressão de que existe uma ligação entre as partes; que afete a reputação ou o carácter distintivo da marca e que denigra ou desacredite a marca.

uma vantagem desleal ou prejudica o caráter distintivo ou o prestígio da marca sem motivação"[209]. Abrangia, assim, de forma expressa, parte dos casos já identificados pelo TJUE na vigência da DM anterior[210] e daqui parece resultar que a Comissão terá querido (re)equilibrar os interesses em jogo através da introdução de limites à tutela conferida ao titular da marca *no âmbito da norma que prevê o seu direito de exclusivo* (v. *supra* 2.3.2.), mantendo os que já existiam no âmbito da norma correspondente ao atual art. 14.º e reforçando, aqui, os poderes do titular da marca. Com efeito, as presunções (*iuris tantum*) referidas, apresentando a importante vantagem da inversão do ónus da prova, favoreceriam o titular da marca.

Não obstante, o Parlamento Europeu parece ter seguido uma estratégia diferente. Por um lado, como já referimos, eliminou as restrições propostas pela Comissão Europeia no âmbito dos direitos conferidos pelo registo da marca ao seu titular[211]. Por outro lado, e aparentemente por causa das críticas, já referidas, às decisões do TJUE[212], entendeu que a previsão relativa à limitação do direito de marca devia ser alargada, prevendo expressamente outras situações[213]. Mais concretamente, o Parlamento pretendia que fosse introduzida, *de forma expressa* na norma da DM, a *limitação* do direito de marca quando estivessem em causa utilizações da marca por terceiros *em certos contextos comerciais*, acrescentando à utilização necessária para indicar o destino de um produto ou serviço, nomeadamente sob a forma de acessórios ou peças sobresselentes, o uso: (i) no âmbito da publicidade comparativa com observância da DPEC; (ii) com vista a chamar a atenção dos consumidores para a revenda de produtos genuínos, inicialmente vendidos pelo titular da marca ou por terceiro com o seu consentimento; (iii) para apresentar uma alternativa legítima

[209] V. art. 14.º, n.º2 da Proposta de Diretiva de marcas, *cit.*, pp. 7 e 31 e s.

[210] V. *supra* 3.1.2. No entanto, deixou de fora o caso de os produtos serem apresentados como imitação ou reprodução dos produtos de cuja marca não é o titular.

[211] V. *supra* 2.3.2.

[212] V. *supra* 2.3.1.

[213] V. Resolução do Parlamento Europeu sobre a proposta de diretiva em matéria de marcas, *cit.*, pp. 262 e ss.

aos produtos ou serviços do titular da marca e (iv) para fins de paródia, expressão artística, crítica ou comentário[214].

Esta previsão concretizava, parcialmente, o que fora defendido no *Study on the Overall Functioning of the European Trade Mark System*: o alargamento dos limites aos direitos conferidos pelo registo da marca para compensar a extensão do âmbito de proteção conferido à marca[215]. Todavia, o Conselho propôs a eliminação dessas referências na norma em causa[216], admitindo, contudo, "a inserção na disposição pertinente relativa à revenda de produtos genuínos de uma clarificação sobre a utilização de marcas para efeitos de expressão artística e a necessidade de aplicar a diretiva de forma a garantir o pleno respeito dos direitos e liberdades fundamentais"[217]. O consenso possível acabou por se concretizar na inclusão de uma referência *parcial* nos *Considerandos* da DM. Assim, no Considerando 20 afirma-se que "a fim de garantir a segurança jurídica e a plena coerência com a legislação específica da União, afigura-se adequado estabelecer que o titular de uma marca deverá poder proibir a utilização de um sinal por terceiros em publicidade comparativa, caso essa publicidade seja contrária ao disposto na Diretiva 2006/114/CE do Parla-

[214] Além disso, propôs a previsão de que o direito conferido pela marca não permite ao seu titular proibir a terceiros a sua utilização para fins legítimos relativamente a qualquer utilização não comercial da marca.

[215] Embora, por um lado, não tenha acolhido o alargamento proposto no referido Estudo em toda a extensão (pois, como referimos, eliminou a proposta da Comissão respeitante à explicitação de casos considerados desconformes às práticas e usos honestos em matéria industrial ou comercial) e, por outro, no que respeita às exceções tipificadas tenha incluído duas que não constavam do *Study..., cit.*: o uso com vista a chamar a atenção dos consumidores para a revenda de produtos genuínos, inicialmente vendidos pelo titular da marca ou por terceiro com o seu consentimento e a apresentar uma alternativa legítima aos produtos ou serviços do titular da marca.

[216] Posição (UE) n.º16/2015 do Conselho em primeira leitura tendo em vista a adoção de uma diretiva do Parlamento Europeu e do Conselho que aproxima a legislação dos Estados-Membros em matéria de marcas adotada pelo Conselho em 10 de novembro de 2015 (*JO C* 432 de 22/12/15, pp. 1-26).

[217] Comunicação da Comissão ao Parlamento Europeu relativa à posição do Conselho sobre a adoção da Diretiva (COM/2015/0588 final), p. 4 (https://eur-lex.europa.eu/legal-content/PT/TXT/PDF/?uri=CELEX:52015PC0588&from=PT).

mento Europeu e do Conselho"[218] e, no Considerando 27, respeitante aos limites ao direito exclusivo do titular da marca, imediatamente depois de se afirmar que "(...) o titular não deverá poder impedir a utilização leal e honesta da marca para fins de identificação ou de referência dos produtos ou serviços como sendo seus", acrescenta-se: "a utilização de uma marca por terceiros para chamar a atenção dos consumidores para a revenda de produtos genuínos inicialmente vendidos pelo titular da marca, ou com o seu consentimento, na União deverá ser considerada lícita desde que siga práticas honestas nos domínios industrial e comercial. Além disso, a utilização de uma marca por terceiros para fins de expressão artística deverá ser considerada lícita desde que siga práticas honestas nos domínios industrial e comercial. Além disso, a presente diretiva deverá ser aplicada de forma a garantir o pleno respeito dos direitos e liberdades fundamentais, em especial a liberdade de expressão"[219].

Em suma, das alterações propostas no *Study on the Overall Functioning of the European Trade Mark System* relativamente ao atual art. 14.º da DM muito poucas foram acolhidas na DM e no RMUE aprovados. Por um lado, não foram acolhidas as propostas respeitantes a uma cláusula geral de «fair use» (v. 3.1.4.), nem existe qualquer referência específica aos usos que não são considerados em conformidade com as práticas comerciais honestas, atendendo à rejeição da proposta da Comissão. Por outro lado, e cingindo-nos agora ao art. 14.º, n.º1, al.ª c) da DM, "apenas"[220] foi consagrado o princípio da licitude do uso de marca alheia para efeitos de identificação ou referência a produtos ou serviços como sendo os do titular dessa marca, não constando desta *norma legal* outros exemplos, para além do caso em que a utilização da marca seja necessária para indicar o destino de um bem ou serviço, nomeadamente enquanto acessório ou sobressalente. Importa, porém, sublinhar que as hipóteses exemplificati-

[218] V. também o art. 10.º, n.º3, al.ª f) DM, o art. 9.º, n.º3, al.ª f) RMUE e o art. 249.º, n.º2, al.ª f) CPI.

[219] V. Considerando 25 no texto de compromisso final da proposta de diretiva (https://data.consilium.europa.eu/doc/document/ST-9957-2015-ADD-2/pt/pdf).

[220] As aspas visam assinalar que, apesar de terem sido acolhidas poucas propostas de alteração desta matéria, tal não significa que as que efetivamente o foram não revistam importância.

vamente previstas pelo Parlamento Europeu acabaram por ser incluídas, como referimos, nos Considerandos 20 e 27 da DM, com exceção da que respeita à admissibilidade do uso de marca alheia, em conformidade com as práticas honestas em matéria industrial ou comercial, que apresente uma alternativa legítima aos produtos ou serviços do titular da marca.

Dado que o art. 14.º, n.º1, al.ª c) da DM estabelece um princípio geral, seguindo-se a referência *exemplificativa* a um dos casos de uso referencial, impõe-se refletir sobre o significado desta previsão e determinar se, não obstante o Conselho ter querido referir aqueles outros casos *apenas nos Considerandos*, os mesmos integram o conceito de uso referencial daquela alínea, vinculando o aplicador da norma. Centraremos a nossa atenção nos casos de utilização de uma marca por terceiros para fins de expressão artística e/ou no âmbito da liberdade de expressão, por razões de economia e também por, nos últimos anos, estes casos estarem a suscitar um interessante e aceso debate doutrinal relativamente à extensão do direito de marca (v. *infra* 3.1.5.). Antes de avançarmos, porém, impõe-se ainda uma brevíssima referência à eventual necessidade ou conveniência da inclusão *de lege ferenda* de uma cláusula geral de salvaguarda no art. 14.º.

3.1.4. A necessidade de uma cláusula geral de salvaguarda

Se o TJUE mantiver os critérios que tem adotado relativamente à aferição da conformidade com as práticas honestas em matéria industrial e comercial[221], deverá subsistir a falta de flexibilidade e o carácter muito restrito das defesas previstas atualmente no art. 14.º da DM[222]. Essa falta de flexibilidade, já assinalada por alguma doutrina na vigência da DM anterior, prende-se com o facto de o Tribunal do Luxemburgo, em vez de aplicar estas regras de forma a possibilitar um equilíbrio eficiente e que contrabalance a expansão contínua dos direitos de marca, alinhar a obrigação de lealdade com os critérios para se determinar a violação daqueles direitos. Esta metodologia já foi criticada, porque os limites previstos têm de ter "um significado diferente e independente dos critérios de violação

[221] V. *supra* 3.1.2.

[222] Sobre a falta de flexibilidade do art. 6.º DM-08, cfr., por todos, ILANAH SIMON FHIMA, "The trade mark defences meet copyright: fair use or three step test", *Queen Mary Journal of Intellectual Property*, 4 (2014), pp. 297 e ss., esp. p. 307.

relevantes. Caso contrário, a determinação de violação inevitavelmente preclude a invocação dos limites, esvaziando-os de significado"[223].

Para evitar estes problemas e para enfrentar novos e imprevisíveis desenvolvimentos que exijam instrumentos adicionais de equilíbrio[224], alguns autores sugeriram a adoção *de lege ferenda* de uma cláusula de salvaguarda que permita uma defesa mais aberta, ao estilo da *fair use defense* do direito de marcas estado-unidense[225].

> A *fair use defense,* nos EUA, compreende uma listagem *exaustiva* dos casos abrangidos, prevendo-se que: "(...) the use of the name, term, or device charged to be an infringement is a use, otherwise than as a mark, of the party's individual name in his own business, or of the individual name of anyone in privity with such party, or of a term or device which is descriptive of and used fairly and in good faith only to describe the goods or services of such party, or their geographic origin"[226].
>
> A estas acrescem outras *fair use defenses* mais orientadas para a defesa do usuário que têm sido desenvolvidas pelos tribunais, como a *nominative fair use defense.* Esta, tal como fixada originariamente pelo *Ninth Circuit*[227], assenta nos seguintes requisitos[228]: (1) o produto ou o serviço em questão não é imediatamente identificável sem o uso da marca; (2) só abrange o uso razoavel-

[223] M. Senftleben, "Adapting...", *cit.*, p.169. Em sentido contrário, advogando que a interpretação dos limites deve ser estrita, cfr. M. Bohaczewnski, *op.cit.*, p. 867.

[224] M. Senftleben, "Adapting...", *cit.*, p. 173.

[225] M. Senftleben, *et al.*, "Recommendations...", *cit.*, pp. 337–343. Sobre as defesas estado-unidenses, considerando-as «rígidas» (por comparação com os casos de violação da marca), cfr., entre outros, Michael Grynberg, "Things are worse than we think: trademark defenses in a "Formalist" age", *Berkeley Technology Law Journal*, 24 (2009), pp. 897-970 (p. 915).

[226] 15 USC § 1115 (b) (4).

[227] New Kids on the Block v. News Am. Publishing, Inc., 971 F.2d 302 (9th Cir. 1992).

[228] Não obstante, tem havido uma significativa divergência na aplicação da mesma pelos diferentes tribunais. Para maiores desenvolvimentos sobre os diferentes requisitos aplicados pelo *2nd, 3rd* e *5th Circuits*, cfr. Jonathan O. Ballard Jr., "The proper application of nominative fair use in trademark law: why International Information Systems Security Certification Consortium, Inc. v. Security University, LLC sets the preeminent standard", *Loyola of Los Angeles Law Review*, 51 (2018), pp. 523-538.

mente necessário para identificar o produto ou serviço em causa e (3) o uso da marca não sugere *sponsorship* ou *endorsement* pelo titular da marca[229].

Importa ainda referir que, no direito estado-unidense, está também previsto que não é acionável como *diluição* («by blurring» e «by tarnishment»): (a) *qualquer uso leal*, incluindo um uso leal nominativo ou descritivo, ou a facilitação de tal uso *de uma marca famosa alheia por terceiro, sem ser como designação de origem dos produtos ou serviços deste*, incluindo o uso relacionado com (i) publicidade ou promoção que permita aos consumidores comparar os produtos ou serviços ou para (ii) identificar, parodiar, criticar ou comentar marcas famosas ou os produtos ou serviços do titular das marcas famosas; b) todas as formas de reportagens noticiosas e comentários noticiosos; c) qualquer uso não comercial da marca[230].

A atual DM, não obstante a proposta apresentada no *Study on the Overall Functioning of the European Trade Mark System*, não adotou nenhuma cláusula deste tipo[231], mantendo a técnica legislativa anterior. Apesar disso, a diferença entre o regime jurídico europeu e o dos EUA poderá já não ser tão vincada quanto o era anteriormente, dependendo da interpretação que o TJUE vier a fazer dos limites ao direito de marca e, em particular, de recorrer, ou não, aos critérios hermenêuticos resultantes dos Considerandos 20 e 27 da DM (que referiremos em seguida), mantendo-se ainda a salvaguarda da existência de um «justo motivo», no que respeita à concessão de tutela à marca de prestígio (v. *infra* 3.2.).

[229] Esta norma aproxima-se da "mãe de todos os limites internos e exceções dos direitos de propriedade intelectual" (ANNETTE KUR, "Limitations and exceptions under the three-step test – how much room to walk the middle ground?", in: *Intellectual Property Rights in a fair world trade system*, Edward Elgar, Cheltenham, UK; Northampton, MA, 2011, pp. 208-261 (p. 22)), a regra dos três passos dos Direitos de Autor.

[230] 15 U.S. Code § 1125 (3) (A) (B) (C).

[231] Como refere Ł. ZELECHOWSKI, um argumento contra a consagração de uma cláusula geral aberta é o que assenta na falta de experiência dos juízes dos sistemas de *civil law*, que pode pôr em causa a certeza jurídica. Todavia, como o mesmo autor afirma, os mesmos já têm larga experiência na aplicação da cláusula geral (fechada) que integra um conceito indeterminado (*op. cit.*, pp. 130 e s.).

3.1.5. A constitucionalização do direito de marca

Como é sabido, a liberdade de expressão, incluindo a liberdade artística, está consagrada no art. 19.º da Declaração Universal dos Direitos do Homem[232], no art.10.º da CEDH[233] e no art. 19.º da Convenção Internacional em Direitos Civis e Políticos [CIDCP][234]. E também a Constituição da República Portuguesa [CRP] e a CDFUE contemplam previsões legais destas liberdades, embora de forma autonomizada (arts. 37.º e 42.º da CRP e arts. 11.º[235] e 13.º[236] da CDFUE), expressando, desta forma, "a relevância atribuída (...) ao direito subjetivo de criação artística"[237], que se traduz num "espaço substancialmente mais alargado em comparação com a liberdade de expressão do pensamento/opinião"[238], como parece ser confirmado pelo Considerando 27 da DM, que refere a liberdade artística em primeiro lugar e de forma, aparentemente, mais incisiva. Por

[232] Declaração Universal dos Direitos do Homem adotada e proclamada pela Assembleia Geral da Organização das Nações Unidas, em 10/12/48. V. ainda a Resolução 217A (III) de 10 de dezembro de 1948 (*DR*, I Série A, n.º 57, de 9/3/78).

[233] Convenção para a Proteção dos Direitos do Homem e das Liberdades Fundamentais (modificada nos termos das disposições dos Protocolos n.ºs 11 e 14), adotada em Roma, a 4/11/50. Portugal assinou-a em 22/9/76 e aprovou-a para ratificação pela Lei n.º 65/78, de 13/10 (*DR*, I Série, n.º 236/78 e retificada por Declaração da Assembleia da República, *DR*, I Série, n.º 286, de 14/12/78). Entrou em vigor na ordem jurídica portuguesa em 9/11/78.

[234] Adotado e aberto à assinatura, ratificação e adesão pela resolução 2200-A (XXI) da Assembleia Geral das Nações Unidas, de 16/12/66. Entrou em vigor na ordem jurídica portuguesa em 15/9/78.

[235] Sobre esta norma cfr. Maria Ana Ferraz/Filipe Guerra, "Artigo 11.º - Liberdade de expressão e de informação", in: *Carta dos Direitos Fundamentais da União Europeia Comentada* (coords. Alessandra Silveira/Mariana Canotilho), Almedina, Coimbra, 2013, pp. 156 e ss.

[236] Para maiores desenvolvimentos sobre esta norma, cfr. Alessandra Silveira/Joana Covelo Abreu, "Artigo 13.º - liberdade das artes e das ciências", in: *Carta dos Direitos Fundamentais da União Europeia Comentada* (coords. Alessandra Silveira/Mariana Canotilho), Almedina, Coimbra, 2013, pp.181 e ss.

[237] Alessandra Silveira/Joana Covelo Abreu, *ult. op. cit.*, p.182.

[238] Alessandra Silveira/Joana Covelo Abreu, *ult. op. cit.*, p.182. As autoras citadas revelam, porém, alguma perplexidade pelo facto de decorrer do n.º2 do art. 10.º da CEDH que a liberdade artística pode ser sujeita aos limites da liberdade de expressão do pensamento (*op. cit.*, pp. 184 e s.).

brevidade, uma vez que a Carta "reúne num texto único o conjunto dos direitos fundamentais protegidos na União"[239] e que o disposto no art.11.º CDFUE corresponde ao art.10.º da CEDH, limitar-nos-emos a referir as normas daquela[240].

As normas da Carta têm por destinatários as instituições, os órgãos e os organismos da União, bem como os Estados-membros, quando apliquem o Direito da União[241] (art. 51.º CDFUE). Não obstante, verifica-se, pelo menos[242], um efeito horizontal indireto, na medida em que "os direitos fundamentais protegidos pela ordem jurídica europeia são habitualmente concretizados através de directivas (...)"[243] e da interpretação destas e das normas que as transpõem no direito nacional dos Estados-membros em conformidade com a CDFUE resulta a aplicação destes direitos fundamentais em conflitos horizontais, i.e., em litígios entre particulares.

[239] Comunicação da Comissão Europeia, de 19/10/10, intitulada "Estratégia para a aplicação efectiva da Carta dos Direitos Fundamentais pela União Europeia", COM/2010/0573 final, p.3. No que respeita à CRP – a que não nos referiremos especialmente no texto – importa recordar que os preceitos respeitantes aos direitos, liberdades e garantias são diretamente aplicáveis e vinculam as entidades públicas e privadas (art. 18.º, n.º1 CRP).

[240] Como decorre das anotações elaboradas sob a autoridade do *Praesidium* da Convenção que redigiu a Carta e atualizadas sob a responsabilidade do *Praesidium* da Convenção Europeia. V. Anotações relativas à Carta dos Direitos Fundamentais (2007/C 303/02), in: *JO C* 303, de 14/12/08, pp. 17 e ss., esp. p. 21.

[241] Para maiores desenvolvimentos, cfr. Alessandra Silveira, "Artigo 51.º- Âmbito de aplicação", in: *Carta dos Direitos Fundamentais da União Europeia Comentada* (coords. Alessandra Silveira/Mariana Canotilho), Almedina, Coimbra, 2013, pp.572-589 (p.581).

[242] Defendendo que da atribuição de força juridicamente vinculativa à CDFUE pelo Tratado de Lisboa resulta que "os particulares podem invocar as disposições da Carta junto dos tribunais nacionais para fazerem valer os seus direitos fundamentais protegidos pela ordem jurídica europeia" e também o reequacionamento da "ausência de efeito directo horizontal de normas constantes de directivas que concretizam direitos fundamentais", cfr. Alessandra Silveira, "Implicações nos litígios entre particulares resultantes da horizontalidade dos princípios gerais/direitos fundamentais protegidos pela União Europeia", *CDP*, 32 (2010), pp.3-21 (p.3).

[243] Alessandra Silveira, "Artigo 51.º", *cit.*, pp.572-589 (p. 582).

É neste contexto que se verifica, pela primeira vez, a inclusão da referência aos direitos fundamentais na DM, ainda que num Considerando[244]. A menção, no Considerando 27 da DM, à liberdade artística e à liberdade de expressão tem sido entendida por alguma doutrina como uma manifestação da tendência para a *constitucionalização* do direito de marca[245], de importância não despicienda para quem defenda que – não obstante a falta de previsão específica do uso de marca alheia para fins de paródia, expressão artística, crítica ou comentário no âmbito da *norma* que refere os limites dos direitos conferidos ao titular da marca – tais usos poderão ser admitidos, de forma a garantir que a aplicação da DM respeite plenamente os direitos e liberdades fundamentais.

No entanto, há quem se oponha a esta leitura, uma vez que o facto de a sua inclusão expressa no art. 14.º da DM ter sido rejeitada pelo legislador deve ser devidamente valorado[246]. Primeiro, porque o interesse dos terceiros, que poderia legitimar o uso de marca alheia com base na liberdade de expressão comercial, já foi tido em consideração pelo legislador nas normas relativas aos requisitos para a violação da marca (art.10.º da DM) e aos limites ao exercício do direito exclusivo (art. 14.º da DM). Segundo, porque mesmo que certas formas de uso de marca possam ser cobertas pela liberdade de expressão, as expressões *comerciais* devem gozar de

[244] A referência, nos Considerandos da DM, aos direitos consagrados na CDFUE (e na CEDH) já tinha sido proposta, como já afirmámos (v. *supra* 2.3.2.), pela Comissão do Mercado Interno e da Proteção dos Consumidores à Comissão dos Assuntos Jurídicos, com o objetivo de apoiar a sua inclusão na proposta de DM da Comissão Europeia. Todavia, essa referência visava, não o Considerando respeitante aos limites ao direito de marca, mas o Considerando que (então) respeitava à aferição da afetação da principal função da marca. Esta proposta não teve, porém, como se sabe, acolhimento.

[245] Referindo-se à constitucionalização dos direitos de propriedade intelectual, C. Geiger, "'Constitutionalizing' Intellectual Property Law? The Influence of Fundamental Rights on Intellectual Property in Europe", *IIC*, 37 (2006), pp. 371-385. Cfr., ainda, entre outros, Tuomas Mylly, "The Constitutionalization of the European Legal Order: Impact of Human Rights on Intellectual Property in the EU", in: *Research Handbook on Human Rights and Intellectual Property* (ed. Christophe Geiger), Edward Elgar, 2015, pp. 103-131; M. Senftleben, "Free Signs...", *cit.*, pp. 354-376; Lisa Ramsey/ Jens Schovsbo, "Mechanisms for limiting trademark rights to further competition and free speech", *IIC*, 44 (2013), pp. 671-700.

[246] Michal Bohaczewski, *op. cit.*, p. 871 e s.

uma *liberdade mais restrita* do que as expressões feitas para fins públicos ou artísticos, uma vez que elas servem interesses económicos privados e não os interesses da sociedade como um todo e ainda porque, tendo em conta a completa harmonização das regras relativas aos *direitos* conferidos pelo registo da marca, um terceiro não deveria ter de confiar num fundamento *externo* ao direito de marcas para a sua defesa (como sucede, p.e., com a *concorrência desleal*). Este último argumento colhe apoio, para quem o defende, na jurisprudência do TJUE, pois este tribunal, numa decisão sobre o exercício do direito exclusivo conferido por uma marca na vigência da DM-08, sustentou que "um órgão jurisdicional nacional não pode (...) limitar esse direito exclusivo de uma maneira que ultrapasse as limitações decorrentes dos referidos artigos 5.° a 7.° [que correspondem, *grosso modo*, aos atuais arts. 10.°, 14.° e 15.°]"[247].

3.1.6. A proteção do direito de marca no âmbito da CDFUE

É igualmente importante não perder de vista que também o direito de marca é um direito fundamental, já que o art. 17.°, n.°2 da CDFUE reconhece a proteção da propriedade intelectual[248].

[247] V. o n.°55 do Ac. TJUE, de 19/9/13, proferida no proc. C-661/11, caso «Nathan» (ECLI:EU:C:2013:577). V. também o Despacho do TJUE, de 6/10/15, proferido no proc. C-500/14, no caso «Ford» (ECLI:EU:C:2015:680). No âmbito do Direito de Autor, também já recusou que dos direitos fundamentais resultem *novos* limites, admitindo, porém, que aqueles direitos desempenham um papel relevante no que respeita à interpretação das exceções e limitações consagradas na lei, o que, para alguns autores, significa que ficou aberta a porta para que os direitos fundamentais tenham relevância direta em circunstâncias excecionais, como referiremos mais adiante (v. 3.1.7.).

[248] Este preceito da Carta corresponde ao art. 1.° do Protocolo adicional n.°1 à CEDH que, de acordo com a interpretação defendida pelo Tribunal Europeu dos Direitos do Homem [TEDH], compreende a propriedade intelectual, entendida em sentido amplo, i.e., abrangendo o direito de autor e os direitos conexos – propriedade intelectual em sentido restrito – e os direitos privativos industriais (propriedade industrial) incluindo, por conseguinte, a marca. Sobre esta v. a decisão de 11/1/07, proferida no litígio que opôs a Anheuser-Bush Inc. a Portugal no proc. 73049/01, in: *Direito Industrial*, vol. VI, APDI/ Almedina, 2009, pp. 391 e ss. e ainda a decisão de 16/4/19, proferida no litígio que opôs Kamoy Radyo Televizyon Yayıncılık ve Organizasyon A.Ş. à Turquia, no proc. 19965/06 (disponível para consulta em https://hudoc.echr.coe.int/eng#{%22itemid%22:[%22001-192458%22]}). V. ainda as anotações aos arts. 17.° e 52.°, n.°3, elaboradas e atualizadas

A inclusão dos direitos de propriedade intelectual na CDFUE assume uma importância inegável[249], pois o respeito por estes direitos – que não foram *expressamente* contemplados no TFUE (apesar de estarem consagrados como direitos fundamentais em diversa legislação internacional)[250] e que não constavam do projeto inicial da Carta[251] – constitui um princípio orientador para a jurisprudência, justificado pela teleologia inerente à sua tutela jurídica.

3.1.7. A resolução de conflitos entre o direito de marca e a liberdade artística e de expressão

Do reconhecimento que um direito de marca constitui uma *exceção à liberdade de uso* daquele sinal decorre que a interpretação das normas que conferem direitos de marca e das que lhes estabelecem limites deve lograr um resultado *adequado*, *necessário* e *proporcional* à prossecução dos objetivos do correspondente regime jurídico, reclamando a ponderação dos vários interesses em jogo[252]. Esta orientação – que parece ter norteado o legislador, no que respeita especificamente à DM, em particular, nos arts. 14.º[253] e 10.º, n.º2, al.ª c)[254] – será, em princípio, suficiente para evitar a colisão com outros direitos fundamentais.

sob a responsabilidade do *Praesidium* da Convenção que redigiu a CDFUE, *cit.*, pp. 23 e 33 e ss.

[249] Embora criticada por alguma doutrina. Cfr., por todos, C. Geiger, "Implementing intellectual property provisions in human rights instruments: towards a new social contract for the protection of intangibles", in: *Research Handbook on Human Rights and Intellectual Property* (ed. Christophe Geiger), Edward Elgar, Cheltenham, UK; Northampton, MA, 2015, pp. 661 e ss. (= Max Planck Institute for Innovation & Competition Research Paper No. 14-10, pp. 12 e ss.).

[250] Para maiores desenvolvimentos sobre esta previsão, cfr. Maria Miguel Carvalho, "Anotação do n.º2 do art. 17.º", in: Aa. Vv., *Carta dos Direitos Fundamentais da União Europeia Comentada* (coords. Alessandra Silveira/Mariana Canotilho), Almedina, 2013, pp.226-231.

[251] Mais especificamente, foi introduzida na versão de setembro de 2000 com o apoio da Comissão (v. COM (2000) 559 final, de 13/9/00, p.7).

[252] J. P. Remédio Marques, "Propriedade intelectual – tendências globais", *BFDUC*, LXXXIV (2008), pp. 269 e ss.

[253] Relativamente à interpretação dos limites ao direito de marca, importa não esquecer, como decorre do art. 52.º, n.º1 CDFUE, que as restrições ao exercício deste – se forem

Não obstante, há quem defenda que tal poderá não bastar relativamente a alguns casos de «usos mistos»[255] – como a utilização de uma marca alheia na esfera artística ou até como manifestação da liberdade de expressão, que pode, eventualmente, ser qualificada como «uso na vida comercial», por importar um proveito económico para o seu autor –, podendo conduzir à colisão entre os direitos fundamentais à propriedade, por um lado, e à liberdade de expressão e/ou artística, por outro.

Sem prejuízo de, nalguns casos, a situação nem se colocar, provavelmente por estratégia de *marketing*, já que os titulares de tais marcas podem optar por nada fazer ou até por promover a associação a esses usos. Pense-se, p.e., nalgumas das obras da artista portuguesa Joana Vasconcelos[256], patrocinadas pelos titulares das marcas usadas. Paradoxalmente, por vezes, tal também sucede relativamente a artistas cujas obras, *prima facie*, podem suscitar conotações negativas relativamente a marcas de prestígio. *V.g.*, entre outras, a utilização que Tom Sachs fez da marca «Prada» (associando-a, p.e., a campos de concentração nazis) e o convite da Fondazione Prada para aquele artista participar numa exposição promovida pela última[257].

necessárias e corresponderem efetivamente a objetivos de interesse geral reconhecidos pela União ou à necessidade de proteção dos direitos e liberdades de terceiros – dependem da correspondente previsão legal e do respeito pelo conteúdo essencial do direito de marca. Sobre a compatibilização destes últimos com o direito de marca, v. adiante no texto.

[254] V. no que respeita à interpretação do «justo motivo», que pode neutralizar o exercício do direito exclusivo do titular de uma marca de prestígio, *infra* 3.2.

[255] V. *supra* 2.2.

[256] *V.g.*, as obras «Cama Valium» (1998), que consiste numa cama de *blisters* com comprimidos da marca «Valium»; «A noiva» (2001-2005), que consiste num grandioso candelabro, construído a partir de tampões da marca «OB» e «Cinderela» (2007), que consiste numa sandália de salto alto construída em escala ampliada com panelas de inox e respetivas tampas, da marca «Silampos». Estas obras foram patrocinadas pelos titulares das marcas referidas e, segundo Joana Vasconcelos, visam, respetivamente, chamar a atenção para a fragilidade humana; expor "a imposição de uma sexualidade feminina hipócrita e reprimida à ação corrosiva da ironia e da ambiguidade" e propor "uma reflexão acerca da resposta da Mulher ao tratamento desigual, entre os géneros, nas práticas quotidianas do mundo contemporâneo", (http://www.joanavasconcelos.com/obras.aspx).

[257] V., entre outras, as obras «Prada Death Camp» (1998), que é uma réplica de um

Repare-se que a opinião que expressamos de estes usos, na medida em que sejam qualificados como "referenciais" e desde que sejam conformes às práticas e usos honestos em matéria comercial e industrial, serem legalmente admissíveis é corroborada, relativamente ao uso *artístico*, pelo Considerando 27 da DM, que, não constituindo por si mesmo uma regra de direito, permite esclarecer a interpretação a dar ao art. 14.º, n.º2, al.ª c) da DM[258]: a liberdade artística constitui (mais) um dos casos integráveis no elenco exemplificativo daquela norma *desde que o uso em questão seja conforme às práticas honestas em matéria comercial e industrial*. Contudo, o mesmo Considerando acrescenta, *in fine*, que a Diretiva deverá ser aplicada de forma a garantir o *pleno respeito dos direitos e liberdades fundamentais, em especial a liberdade de expressão*, o que suscita várias observações.

A primeira respeita ao seu âmbito de aplicação, pois parece estar em causa a interpretação e aplicação a *todas* as normas[259] da DM e não apenas às que se referem aos limites aos direitos conferidos pela marca.

A segunda tem a ver com o significado e o alcance desta referência. Por um lado, a implicação da referência genérica à aplicação da Diretiva de forma a garantir o pleno respeito dos direitos e liberdades fundamentais não é propriamente revolucionária[260], pois mesmo antes desta

campo de concentração nazi numa caixa de sapatos Prada, ou «Prada Value Meal» (1998), que associa a marca a menus de refeições de cadeias de *fastfood* ou ainda  «Prada Toilet» (1997), uma sanita preta com a menção «Prada». Destaque-se ainda que a primeira ocasionou fortes protestos aquando da sua exibição numa exposição no *Jewish Museum* (Nova Iorque). Tom Sachs usa, igualmente, outras marcas de prestígio, como a Chanel (*v.g.*, Chanel Guillotine (Breakfast Nook) – 1998) e a Tiffani (*v.g.*, Tiffany Glock (Model 19) 1995) e também já colaborou, posteriormente, com a Chanel na "Art Production Fund gala" (2020).

[258] V. n.º 31 do Ac. TJUE, de 13/7/89, proferido no proc. C-215/88 (ECLI:EU:C:1989:331). Para maiores desenvolvimentos sobre este tema, cfr., entre outros, Roberto Baratta, "Complexity of EU Law in the domestic implementing process", *The Theory and Practice of Legislation*, 2 (2014), pp.293-308 e Tadas Klimas/Jflrate Vaitiukait, "The law of recitals in European Community legislation", *ILSA Journal of International & Comparative Law*, 15 (2008), pp. 1-33.

[259] No mesmo sentido, cfr. Łukasz Zelechowski, *op. cit.*, pp. 117 e J. Schovsbo, «"Mark my words" – trademarks and fundamental rights in the EU», *UC Irvine Law Review*, 8 (2018), pp. 555-581 (p.562).

[260] J. Schovsbo, *op. cit.*, p.557 e esp. pp. 574 e s.

previsão, a Diretiva devia ser interpretada e aplicada em conformidade com a CDFUE, tal como já sucedia, anteriormente à Carta, relativamente aos direitos e liberdades fundamentais protegidos constitucionalmente. Porém, é possível que, como já foi vaticinado por alguns autores, esta declaração altere a forma como os tribunais interpretam as normas do Direito de Marcas, especialmente – mas não só[261] – no que respeita aos limites[262].

Aliá, esta mudança pode, inclusivamente, já ter tido início, como parece ser indiciado por duas decisões judiciais.

Uma respeita à interpretação do impedimento de registo como marca de sinais contrários à ordem pública ou aos bons costumes pelo TJUE, no Acórdão, de 27/2/20, proferido no caso «Fack Ju Göhte»[263]. Aqui – contrariando o TG, que sustentara que «no domínio da arte, da cultura e da literatura, há uma preocupação permanente com a preservação da liberdade de expressão que não existe no domínio das marcas»[264] e aderindo à tese sustentada pelo Advogado-Geral[265] – o TJUE afirmou, sem margem para dúvidas, que a liberdade de expressão, consagrada no artigo 11.º CDFUE deve ser tomada em

[261] J. Schovsbo (*op. cit.*, pp. 561 e 562) defende que os tribunais vão recorrer aos direitos fundamentais não só nos casos excecionais em que os instrumentos internos de equilíbrio não sejam suficientes, mas em todas as instâncias.

[262] J. Schovsbo, *op. cit.*, p. 563, afirma mesmo que esta pode funcionar como um «cavalo de troia» relativamente aos direitos e liberdades fundamentais.

[263] Proc. C-240/18p (ECLI:EU:C:2020:118). Os factos subjacentes a este litígio eram os seguintes: em 21/4/15, a Constantin Film Produktion GmbH, produtora de uma comédia alemã, que conheceu um grande êxito, intitulada «Fack Ju Göhte», apresentou ao IPIUE um pedido de registo daquele sinal como marca da União Europeia. O pedido, apresentado para as classes 3, 9, 14, 16, 18, 21, 25, 28, 30, 32, 33, 38 e 41, foi recusado com fundamento nos arts. 7.º, n.º1, al.ª f) e n.º2 do RMC (vigente à data). A requerente recorreu desta decisão, tendo o recurso sido julgado improcedente pela Câmara de Recurso (proc. R-2205/2015-5) e o mesmo sucedeu no âmbito do recurso para o TG, referido na nota seguinte.

[264] V. n.º 29 do Ac. TG, de 24/1/18, proferido no proc. T-69/17 (ECLI:EU:T:2018:27), tal como o fizera previamente o IPIUE no mesmo caso, apesar de na audiência ter reconhecido a aplicação da CDFUE.

[265] V. n.os 47-57 das Conclusões apresentadas, no mesmo caso, pelo Advogado-Geral Michal Bobek, em 2/7/19 (ECLI:EU:C:2019:553).

consideração na aplicação da norma correspondente ao atual art. 7.º, n.º1, al.ª f) do RMUE, invocando em apoio do seu entendimento o Considerando 21 do RMUE [equivalente ao Considerando 27 da DM].

A outra é a decisão da *Cour de Justice Benelux*, proferida no caso «Damn Pérignon», que referiremos mais adiante (3.2.) e que respeita ao âmbito da interpretação do que constitui «justo motivo», que limita o direito do titular de uma marca de prestígio.

Por outro lado, no que respeita especificamente à interpretação e aplicação da norma referente aos *limites* aos direitos conferidos ao titular da marca, suscita-se a questão de saber se as liberdades fundamentais constituem "novos" limites.

A este propósito vale a pena recordar a jurisprudência do TJUE no que respeita ao conflito entre a liberdade de expressão e artística e o direito de autor, precisamente a propósito da interpretação do art. 5.º da Diretiva 2001/29[266] que estabelece «Exceções e limitações» àquele direito[267].

[266] Directiva 2001/29/CE do Parlamento Europeu e do Conselho, de 22 de Maio de 2001, relativa à harmonização de certos aspectos do direito de autor e dos direitos conexos na sociedade da informação (*JO L* 167, 22/6/01, pp. 10–19). Esta Diretiva foi alterada, designadamente, pela Diretiva (UE) 2019/790 do Parlamento Europeu e do Conselho, de 17 de abril de 2019, relativa aos direitos de autor e direitos conexos no mercado único digital (*JO L* 130, de 17/5/19, pp. 92-125) que, no Considerando 70, estabelece que "as medidas adotadas pelos prestadores de serviços de partilha de conteúdos em linha em cooperação com os titulares de direitos *não deverão prejudicar a aplicação de exceções ou limitações aos direitos de autor, em particular no que se refere à garantia da liberdade de expressão dos utilizadores.* Os utilizadores deverão ter a possibilidade de carregar e disponibilizar conteúdos gerados pelos utilizadores *para fins específicos de citação, crítica, análise, caricatura, paródia ou pastiche.* Esse aspeto é *particularmente importante para garantir um equilíbrio entre os direitos fundamentais consagrados na Carta dos Direitos Fundamentais da União Europeia* (...), nomeadamente a liberdade de expressão e a liberdade das artes, e o direito à propriedade, incluindo a propriedade intelectual (...)" [itálicos nossos].

[267] V. Acs. TJUE (Grande Secção), de 29/7/19, proferido nos procs. C-469/17, no caso "Funke Medien", n.º64 e C-516/17, no caso "Spiegel Online", n.º 49 – ECLI:EU:C:2019:623, ECLI:EU:C:2019:625 respetivamente. Com interesse, cfr. Christophe Geiger/Elena Izyumenko, "The constitutionalization of intellectual property law in the EU and the Funke Medien, Pelham and Spiegel Online decisions of the CJEU: Progress, but still some way to go!", *IIC*, 51 (2020), pp.282-306.

Nestes acórdãos o TJUE apreciou, entre outras, a questão de saber se existem *outras* exceções ou limites não previstos na legislação referente ao direito de autor, mas que sejam indispensáveis para assegurar o respeito pelos direitos fundamentais – à qual respondeu negativamente[268] e, ainda com mais interesse para o ponto que estamos a tratar, de que forma é que os direitos fundamentais devem ser tomados em consideração na interpretação das exceções ou limites ao direito de autor[269] ou, se se preferir, se o órgão jurisdicional pode interpretar de forma não restritiva as disposições que estabelecem exceções ou limites em prol da necessidade de respeitar a liberdade de expressão ou de informação?[270]

Na resposta a esta última questão o TJUE, partindo do princípio que as derrogações das regras gerais devem ser interpretadas estritamente e que visam salvaguardar um justo equilíbrio entre os direitos e interesses dos titulares de direitos e os direitos e interesses dos utilizadores de obras ou outros materiais protegidos, considerou, por um lado, que a interpretação daquelas exceções e limitações deve permitir *salvaguardar o seu efeito útil e respeitar a sua finalidade*, salientando a sua "*importância especial* quando estas exceções e limitações visem garantir o respeito de *liberdades fundamentais*" e, por outro, que quando for necessário compatibilizá-las com o direito de propriedade intelectual – que também se encontra consagrado na CDFUE, é preciso não esquecer que não existe nenhuma

[268] V. o n.º 64 do Ac. "Funke Medien"; n.º 49 do Ac. "Spiegel Online". Apesar de o TJUE ter recusado que dos direitos fundamentais resultem novos limites ao direito de autor, como é referido no texto, admitiu que estes desempenham um papel relevante no que respeita à interpretação das exceções e limitações consagradas na lei, o que para Kaiser/Scheuerer significa que ficou aberta a porta para que os direitos fundamentais tenham relevância direta em circunstâncias excecionais ("The Impact of Fundamental Rights on European Copyright Law – Opinion on the CJEU Decisions C-516/17 'Spiegel Online' and C-469/17 'Funke Medien'", *GRUR Int.*, (2019), pp. 1153 – 1160 (*Max Planck Institute for Innovation & Competition Research Paper No. 21-03*, p. 18)). No entanto, esta posição não é consensual, em sentido diferente (e de acordo com o que referimos no texto), cfr., por todos, Bernd Justin Jütte/ João Quintais, "The Pelham Chronicles: Sampling, Copyright and Fundamental Rights", *JIPLP*, 16 (2021), pp. 213–225 (= https://papers.ssrn.com/sol3/papers.cfm?abstract_id=3775599, esp. pp. 16 e ss.).

[269] Segundo a formulação adotada pelo Advogado-Geral Szpunar, nas Conclusões apresentadas em 25/10/18, no caso "Funke Medien", n.os 26 e 27.

[270] *V.g.*, o n.º 65 do Ac. TJUE "Funke Medien".

disposição legal, nem decorre da jurisprudência deste Tribunal que o direito de propriedade intelectual tenha de ser assegurado de maneira absoluta, concluindo que "o juiz nacional, no âmbito da ponderação que lhe incumbe efetuar, à luz de todas as circunstâncias do caso concreto", dos direitos conflituantes deve basear-se "numa interpretação destas disposições que, embora respeite a sua redação e preserve o seu efeito útil, *seja plenamente conforme com os direitos fundamentais garantidos pela Carta*"[271] (itálicos nossos).

Refletindo sobre a possível "transposição" do sentido desta decisão para o direito de marcas, devemos dizer que concordarmos com a necessidade de o equilíbrio entre os interesses conflituantes ser feito casuisticamente[272] e que tal implica uma interpretação dos direitos conferidos ao titular da marca, incluindo os seus limites, que salvaguarde o respetivo efeito útil e finalidade. Consideramos ainda que não deve existir um juízo *ex ante* de prevalência de qualquer dos direitos fundamentais envolvidos, já que *nenhum* dos direitos fundamentais envolvidos em apreço é *absoluto*[273]: nem o direito de propriedade da marca, nem o direito à liberdade de expressão e/ou artística. Importa ainda recordar que, para além dos limites já referidos relativamente ao direito de marca, o art. 10.º, n.º2 CEDH[274], que abarca a liberdade de expressão, incluindo a liberdade

[271] V. n.os 69-72 e 76 do Ac. "Funke Medien". V. também os n.os 54-55 e 59 do Ac. "Spiegel Online" e os n.os 33 e 34 do Ac. TJUE, de 29/7/19, proferido no caso "Pelham", ECLI:EU:C:2019:624.

[272] V. ainda o n.º 31 das Conclusões do Advogado-Geral no caso "Funke Medien", onde sublinha que "qualquer ponderação do direito de autor pelos direitos fundamentais que vá além da simples interpretação das disposições do referido direito, exercício que se situa na fronteira entre interpretação e aplicação da lei, deve (...) ser efetuada à luz das circunstâncias de cada caso concreto. Esta abordagem casuística permite aplicar com maior rigor o princípio da proporcionalidade, evitando assim que tanto o direito de autor como os direitos fundamentais sejam injustificadamente afetados".

[273] Neste sentido, cfr. o n.º 19 das Conclusões, apresentadas pelo Advogado-Geral Dirk Thijs, à *Cour de Justice Benelux*, em 12/2/19, no proc. A 2018/1/4 (https://www.courbeneluxhof.be/arresten/FR/A/A_18_1_1531.pdf), no caso "Damn Pérignon", referido em 3.2.

[274] E que é aplicável no âmbito da interpretação dos arts. 11.º e 13.º da CDFUE – v. anotações elaboradas sob a autoridade do *Praesidium* da Convenção que redigiu a Carta e atualizadas sob a responsabilidade do *Praesidium* da Convenção Europeia, cit. Criticamente sobre a sua aplicação à liberdade artística, cfr. ALESSANDRA SILVEIRA/JOANA COVELO

artística, estabelece que "o exercício desta liberdade, porquanto implica deveres e responsabilidades, pode ser submetido a certas formalidades, condições, restrições ou sanções, previstas pela lei, que constituam providências necessárias, numa sociedade democrática, para (...) a protecção da honra ou dos direitos de outrem (...)". Assim, pode acontecer que, à luz das condições específicas do caso *sub judice*, o interesse prevalecente possa ser o do titular da marca.

Não obstante, da afirmação do TEDH de que a liberdade de expressão e artística constitui um dos fundamentos essenciais de uma sociedade democrática e uma das condições primordiais para o seu progresso e para o desenvolvimento dos homens, aplicando-se não apenas às informações ou ideias que são favoravelmente recebidas ou consideradas inofensivas ou indiferentes, mas também àquelas que chocam, inquietam ou ofendem o Estado ou uma parte da população, pois são essas as demandas do pluralismo, da tolerância e do espírito de abertura, sem as quais não existe sociedade democrática[275], tem resultado a prevalência deste direito fundamental sobre outros, entendendo-se que apenas poderá ser restringido se existir uma "necessidade social imperiosa" e se for respeitada a proporcionalidade entre o meio utilizado e o objetivo legítimo perseguido.

Talvez esta prevalência explique que, nalguns casos, os titulares de direitos de propriedade industrial tenham optado por invocar a proteção conferida a um desenho industrial (e não à marca), como sucedeu, no caso "Darfurnica"[276], ainda que, no final, igualmente sem sucesso, dado que o Tri-

de Abreu, *op. cit.*, pp. 185 e s., uma vez que esta "goza de um espaço substancialmente mais alargado em comparação com a liberdade de expressão do pensamento/opinião" na doutrina constitucional dos Estados-membros da UE.

[275] V., por todos, a Sentença, de 7/12/76, proferida no proc. 5493/72, caso "Handyside" (http://hudoc.echr.coe.int/eng?i=001-165143).

[276] V. a tradução não oficial para inglês da Sentença do Tribunal de Haia, de 4/5/11, proferida no proc. 389526/KG ZA 11-294, entre Nadia Plesner Joensen e Louis Vuitton Malletier, S.A. (http://www.nadiaplesner.com/upl/website/simple-living--darfurnica1/VerdictEnglish.pdf), n.º 4.8.
O caso subjacente a este litígio era, resumidamente, o seguinte: a artista Nadia Plesner criou a obra "Simple Living", que representava um rapaz sudanez com um Chihuahua,

bunal de Haia, recorrendo à argumentação do TEDH, que referimos, decidiu que a liberdade artística prevalece.

Com efeito, apesar de ter declarado que o caso respeita a direitos fundamentais que estão em pé de igualdade e que deve ser perseguido um equilíbrio justo entre o interesse geral e os interesses das partes envolvidas, o Tribunal de Haia não hesitou em fazer prevalecer o direito de a artista expressar a sua opinião artística, através do trabalho "Simple Living", relativamente ao interesse da Louis Vuitton fruir pacificamente da sua propriedade. A fun-

vestido de rosa e uma carteira semelhante ao modelo Audra da Louis Vuitton (protegida como desenho comunitário), sendo visíveis os monogramas multicolores desta empresa (registados como marca). Disponibilizou-a *online* em 2007 e, no ano seguinte, começou a vender *t-shirts* e *posters* com aquele motivo, cujas receitas revertiam a favor de uma organização que presta ajuda às vítimas do conflito no Darfur. Alegadamente, a artista estaria preocupada como a forma como os *media* dão tanta importância a celebridades, mas não cobrem adequadamente situações como a que respeita àquele conflito.
A Louis Vuitton enviou-lhe uma *cease and desist letter* que não surtiu efeito e, em seguida, invocando a violação do seu desenho comunitário e o prejuízo da marca pela associação àquele genocídio, interpôs uma providência cautelar no *Tribunal de Grande Instance de Paris*, que, em 25/5/08, lhe deu razão, proibindo a exibição e a comercialização de produtos que violassem o desenho comunitário, condenando-a ainda ao pagamento de uma multa de 5.000€ por cada dia de atraso no cumprimento desta decisão judicial e de 1€ por danos simbólicos.
A artista cumpriu esta decisão. Porém, em 2010, inspirando-se na famosa "Guernica" de Picasso, criou, com as mesmas dimensões, uma nova pintura – Darfurnica, onde retratando os *media* atuais, misturou situações relativas ao Darfur com imagens de várias celebridades (como Paris Hilton e Victoria Beckam), incluindo o rapaz de "Simple Living" com a carteira Audra, no centro. Esta pintura foi exibida e colocada à venda numa exposição em Copenhaga, em 2011 e, logo a seguir, a artista foi confrontada com uma outra providência cautelar intentada pela Louis Vuitton no Tribunal de Haia, que numa decisão *ex parte*, a proibiu de violar o desenho comunitário, aplicando uma multa de €5.000 por cada dia que continuasse a exibir a pintura ou colocá-la à venda. Todavia, na sequência da ação principal intentada, no mesmo tribunal, este acabou por dar razão a Nadia Plesner, em 4/5/11, declarando que a artista tinha o direito de expor as obras "Simple Living" e "Darfurnica" anulando as multas aplicadas e condenando a Louis Vuitton a cobrir parte dos custos legais da artista. Refira-se ainda que no decurso desta última ação, a Louis Vuitton esclareceu que não se opunha à obra "Dafurnica", mas apenas à utilização da obra "Simple Living", tendo ficado provado que tinham sido comercializadas *t-shirts* e *posters* com este motivo na exposição da pintura "Dafurnica", que a imagem correspondente a "Simple Living" era usada no sítio da artista, onde a mesma promovia a venda de várias (outras) obras suas e nos convites para a exposição em Copenhaga.

damentação foi, basicamente, a seguinte: i) o direito de a artista expressar a sua opinião é prioritário numa sociedade democrática, como decorre da jurisprudência do TEDH; ii) o uso do desenho pela artista é funcional e proporcional, não servindo um mero propósito comercial, pois o uso em "Simple Living" não constituía aproveitamento indevido da reputação da Louis Vuitton em sentido comercial (o uso era feito para transmitir uma mensagem crítica à sociedade), não sugeria que a Louis Vuitton estivesse envolvida nos problemas no Darfur e o uso como "eye-catcher" não implicava que se tratasse de uso de "natureza puramente comercial" (seria necessário fazer prova adicional); iii) não foi feita prova de que parte do público, depois de ver a obra pudesse associar a Louis Vuitton àqueles problemas e o Tribunal também não o considerou plausível; iv) o facto de a Louis Vuitton ser uma empresa muito conhecida e de os seus produtos beneficiarem de considerável reputação implica que deve aceitar o uso crítico em grau mais forte do que outros titulares de direitos e v) apesar de a Louis Vuitton ter invocado o prejuízo para a sua reputação, baseou-se apenas no direito relativo ao desenho comunitário, cujo objetivo principal é o exclusivo respeitante à aparência de um produto e, independentemente de existir ou não proteção da reputação do *design*, "esta função é de considerar menos essencial, em qualquer caso"[277].

Do exposto parece resultar que a introdução na parte final do Considerando 27 da DM pode implicar uma alteração à interpretação tradicionalmente restritiva que o TJUE tem efetuado[278], mas convém não perder de vista os riscos que também esta pode envolver.

Desde logo, o que respeita a um possível desequilíbrio em sentido inverso[279], porque os requisitos para conferir proteção à liberdade de expressão e/ou artística parecem poder ser excessivamente leves – bastará a inexistência de um "mero/puro propósito comercial", ainda que

[277] V. n.ºs 4.6.-4.9 da Sentença, *cit.*

[278] Łukasz Zelechowski conclui que essa alteração pode passar por evitar a consideração privilegiada do interesse de uma das partes (o titular da marca registada) e ter em conta todos os interesses envolvidos (*op. cit.*, p. 134), mas, como referimos no texto, pode, afinal, resultar daqui um desequilíbrio em sentido inverso.

[279] E potencialmente mais acentuado atendendo à interpretação jurisprudencial do conceito de «justo motivo» que funciona também como um limite aos direitos conferidos aos titulares das marcas de prestígio, como referimos no ponto seguinte.

o uso artístico ou no âmbito da liberdade de expressão comporte uma dimensão económica e que a utilização da marca (de prestígio) seja, claramente, um «chamariz».

Acresce que não sendo pacífico e, sobretudo, não sendo objetivo quando é que um uso artístico deixa de ser puramente artístico e passa a ser também comercial – havendo quem aponte que tal não ocorrerá se o uso for defensável "do ponto de vista artístico"[280] (o que quer que isto signifique...) – gerar-se-á incerteza e insegurança jurídica.

Por fim, tal entendimento, pode equivaler, na prática, à exclusão do âmbito do *ius prohibendi* do titular da marca de certas "categorias pré-determinadas de usos na vida comercial"[281] e, eventualmente, a título de marca[282], podendo esvaziar-se significativamente este direito que, recorde-se, também é um direito fundamental.

Em suma, pensamos que uma interpretação do alcance dos direitos do titular da marca nos moldes referidos anteriormente permitirá chegar a uma solução justa, fomentando a coerência, a unidade do sistema e a segurança jurídica, sem prejuízo de se considerar os direitos fundamentais, embora sem juízos apriorísticos de prevalência absoluta de uns sobre os outros. Para este resultado e para reequilibrar a proteção alargada conferida ao titular da marca de prestígio é também indispensável interpretar corretamente um outro limite: a existência de um justo motivo para que um terceiro use um sinal conflituante com aquela marca, caso esta seja uma marca de prestígio.

3.2. O limite decorrente da existência de um «justo motivo» para o uso de marca de prestígio alheia

Para além das hipóteses previstas como limites aos direitos conferidos pelo registo da marca em geral[283], no que respeita especificamente às

[280] J. Schovsbo, *op. cit.*, p.579.

[281] No mesmo sentido, cfr. R. Burrel/D. Gangjee, "Trade marks and freedom of expression...", *cit.*, p.2.

[282] No mesmo sentido, cfr. Michal Bohaczewski, *op. cit.*, pp. 873 e s.

[283] Realçando a aplicação destes limites também às marcas de prestígio, cfr. Di Cataldo, "The trade mark with a reputation in EU law – Some remarks on the negative condition "without due cause"", *IIC*, 42 (2001), pp. 833-845 (p. 833).

marcas de prestígio existe um outro que importa agora considerar: a existência de um justo motivo para a utilização, por um terceiro, de um sinal conflituante com aquela.

A doutrina tem entendido que este conceito indeterminado abrange os casos em que tenha havido autorização pelo titular da marca de prestígio; registo de um sinal idêntico ou similar à marca de prestígio anteriormente ao registo desta[284] e ainda registo posterior ao da marca de prestígio, mas anterior à aquisição de prestígio[285].

O TJUE também já se manifestou favoravelmente a uma interpretação ampla deste conceito. Apoiando-se na teleologia da norma e do próprio Direito de Marcas, bem como num argumento sistemático[286], declarou

[284] Neste sentido já se pronunciou o TRL, no acórdão de 22/9/15, no caso «Nike» (http://www.dgsi.pt/jtrl.nsf/-/6F3AC474D19F21B980257FDF006835F7), onde, considerando que o estatuto de marca de prestígio "não possibilita qualquer 'efeito predatório' (...) relativamente às marcas anteriormente constituídas" e se aplica "apenas no confronto com marcas posteriores (ainda que apenas de facto)", admitiu que a marca «Nike» pode ser atualmente uma marca de prestígio, mas, como "nada foi alegado quanto ao momento em que alcançou esse estatuto", entendeu que a marca «NIKE» (cujo registo como marca internacional, para assinalar "perfumes e essências de todos os tipos", foi requerido em 1/6/84, concedido em 10/8/84, gozando de proteção em Portugal desde 8/7/85) surge como marca anterior "e, consequentemente, tem direito a ver salvaguardado o uso exclusivo da sua marca", podendo a sua titular "continuar o seu comércio de perfumes e essências de todos os tipos, por mais modesto que seja, marcando os seus produtos com o sinal 'NIKE'".

[285] Repare-se ainda que quer o uso consentido, quer o registo (posterior) como marca, num momento em que a marca de prestígio ainda não tivesse adquirido este estatuto, são expressamente ressalvados na lei para o efeito de impedir a anulação do registo da marca posterior (v. arts. 236.º e 260.º, n.º 5 e art. 260.º, n.º 3).

[286] Ac. TJUE, de 6/2/14, no proc. C-65/12, caso "The Bulldog" (ECLI:EU:C:2014:49). Esta fundamentação decorreu do facto de se verificar uma divergência entre as diferentes versões linguísticas da DM-08. Com efeito, a versão neerlandesa referia-se a «geldige reden» (motivo válido) em vez de «rechtvaardige reden» (justo motivo), desviando-se, assim, dos textos legais noutras línguas (como é o caso da portuguesa). Para maiores desenvolvimentos sobre esta divergência, cfr. as Conclusões apresentadas, neste caso, pela Advogada-Geral Juliane Kokott, em 21/3/13, n.os 19 e ss. (ECLI:EU:C:2013:196). Como o Tribunal recorda, o direito exclusivo foi concedido para permitir ao titular da marca proteger os seus interesses específicos como titular dessa marca e, relativamente às marcas de prestígio, foi estabelecida uma proteção mais ampla, que é concedida mediante a verificação de uma condição *específica* – existir uma utilização, *sem motivo justi-*

que o «justo motivo» serve para tutelar os interesses de um terceiro em utilizar, na vida comercial, um sinal semelhante a uma marca de prestígio, *não se cingindo a casos em que existam razões objetivamente imperiosas*, mas abrangendo também situações em que "os *interesses subjetivos de um terceiro* que utiliza um sinal idêntico ou semelhante à marca de prestígio" possam justificar tal uso (itálicos nossos)[287].

Concretizando esta posição, considerou que é o que sucede nalguns casos de utilização anterior ao depósito da marca de prestígio. Nestes, a qualificação como «justo motivo» depende, segundo o TJUE, da apreciação, em particular, de um elemento objetivo – a implantação do sinal usado e a reputação de que goza junto do público em causa[288] e de um elemento subjetivo – a existência de boa-fé por parte desse utilizador[289].

ficado, de um sinal idêntico ou semelhante a uma marca registada que tira ou é suscetível de tirar indevidamente partido do caráter distintivo ou do prestígio da marca anterior ou lhes causa ou é suscetível de lhes causar prejuízo, independentemente de os produtos ou serviços serem ou não idênticos ou semelhantes. A neutralização do direito conferido ao titular da marca nos casos em que o terceiro apresente um «justo motivo» para a utilização do sinal deve-se, segundo o TJUE, à necessidade de se encontrar um equilíbrio entre os interesses de ambos, atenta a proteção alargada de que goza a marca de prestígio (n.os 33 e 46 do Ac. proferido no caso "The Bulldog").

[287] V. n.os 43 e 45 do Ac. TJUE, proferido no caso "The Bulldog", *cit.*

[288] O TJUE refere a este propósito que, "na medida em que um sinal foi utilizado antes do depósito de uma marca de prestígio para serviços e produtos suscetíveis de serem associados ao produto para o qual essa marca foi registada, a utilização desse sinal para este último produto pode parecer uma extensão natural da gama de serviços e de produtos para a qual o referido sinal goza já de uma certa reputação junto do público em causa", acrescentando que "quanto mais reputação tiver o sinal utilizado antes do depósito de uma marca de prestígio semelhante em relação a uma determinada gama de produtos e de serviços, mais a sua utilização se impõe para a comercialização de um produto idêntico àquele para o qual essa marca foi registada, e isto com tanto mais força quanto mais o produto se aproximar, pela sua natureza, da gama de produtos e serviços para a qual esse sinal foi anteriormente utilizado" (n.os 57 e ss. do Ac. TJUE, proferido no caso "The Bulldog", *cit.*).

[289] V. n.os 55 e ss. do Ac. TJUE, proferido no caso "The Bulldog", *cit.* A existência de boa-fé dependerá, segundo o TJUE, da proximidade entre os produtos/serviços para os quais o sinal foi utilizado/a marca foi registada e ainda da cronologia da primeira utilização do sinal para um produto/serviço idêntico ao da referida marca e da aquisição pela mesma marca do seu prestígio.

E é também o que ocorre nos casos de publicidade exibida na *Internet*, a partir de uma palavra-chave (*keyword advertising*) correspondente a uma marca que goza de prestígio, quando – *sem oferecer uma simples imitação dos produtos ou dos serviços do titular dessa marca, sem prejudicar a reputação da marca ou o seu caráter distintivo e sem infringir as funções da referida marca* – se propõe uma *alternativa* relativamente aos produtos ou aos serviços do titular da marca que goza de prestígio[290].

A existência de um «justo motivo» tem sido discutida não apenas no âmbito da liberdade de concorrência[291], mas também da liberdade artística e de expressão.

Um exemplo ilustrativo da relação entre o conceito indeterminado «justo motivo» e a liberdade artística e de expressão pode ser encontrado no caso alemão "Lila-Postkarte"[292]. Aqui estava em causa a utilização paródica em postais de cor lilás (registada como marca para distinguir chocolates pela Milka), bem como de elementos de campanhas publicitárias daquela empresa (como a paisagem idílica com montanhas e vacas), juntamente com um poema ("Über allen Wipfeln ist Ruh/irgendwo blökt eine Kuh/Muh!"[293]) atribuído a um poeta fictício: Rainer Maria *Milka*[294]. Tal uso foi qualificado como «uso na vida comercial» e, por conseguinte, acionável[295]. Todavia, o

[290] V. o Ac. proferido no caso "Interflora", *cit.*, n.º 91.

[291] Reconhecendo-se que, "embora a marca constitua um elemento essencial do sistema de concorrência não falseada que o direito da União pretende criar (...), não tem, contudo, como objectivo proteger o seu titular contra práticas inerentes ao jogo da concorrência" (Ac. proferido no caso "Interflora", *cit.*, n.º57), destinando-se "de um modo geral, a conciliar, por um lado, os interesses do titular de uma marca em salvaguardar a função essencial desta e, por outro, os interesses de outros operadores económicos em dispor de sinais suscetíveis de designar os seus produtos e serviços". Este entendimento, expresso no caso "The Bulldog", surge na senda de decisões anteriores do mesmo tribunal, v. Acs., de 27/4/06, proferido no proc. C-145/05, no caso "Levi Strauss", n.º 29 (ECLI:EU:C:2006:264) e, de 22/9/11, proferido no proc. C-482/09, no caso "Budvar", n.º 34 (ECLI:EU:C:2011:605).

[292] V. *BGH*, 3/2/05, caso I ZR 159/02, *GRUR*, (2005), p. 583.

[293] "Sobre todas as copas das árvores há paz/Uma vaca muge algures/Mú!" (tradução livre).

[294] Numa alusão ao famoso poeta de língua alemã Rainer Maria Rilke.

[295] Considerando tratar-se de uso sem finalidade distintiva e que, por conseguinte, não deveria ser considerado violação da marca, cfr. M. Senftleben, "Vigeland and the status

> *BGH* considerou que existia um «justo motivo» para aquela utilização – a necessidade de garantir a liberdade artística – e, por isso, o titular da marca Milka não a conseguiu impedir.

Porém, tal como referimos relativamente à interpretação dos limites ao direito de marca em geral, também aqui não deverá ser suficiente invocar simplesmente a liberdade artística ou a liberdade de expressão, exigindo-se ainda que o uso por terceiro vise um interesse público, o que nem sempre se verificará[296].

> O caso "Styriagra" decidido pelo Supremo Tribunal da Áustria[297] pode ajudar a ilustrar a situação. Aqui estava em discussão a licitude do uso da marca «Styriagra» para distinguir sementes de abóbora de cor azul, sinal que resultava da combinação da marca registada «Viagra» e o nome do estado austríaco donde provinham as sementes (Styria). O Supremo Tribunal considerou (bem, na nossa opinião) que, apesar de o uso de uma marca em paródia artística poder integrar o conceito de «justo motivo», neste caso concreto a intenção de aproveitamento indevido do carácter distintivo (do magnetismo) da marca anterior («Viagra») prevalece sobre o uso paródico.

Do exposto parece resultar que o requisito respeitante à existência de um «justo motivo» constitui um instrumento suficientemente flexível para assegurar o equilíbrio de interesses que temos vindo a referir ao longo desta Lição, uma vez que não está limitado a um catálogo fechado de casos a que possa aplicar-se. Há até quem antecipe uma aplicação mais musculada desta defesa, uma vez que, em futuros casos, o TJUE (e os tribunais dos Estados-membros) terão de lidar com esta exceção à luz das liberdades fundamentais referidas nos novos Considerandos da DM[298].

of cultural concerns in trade mark law – The EFTA Court develops more effective tools for the preservation of the public domain", *IIC*, 48 (2017), pp. 683-720 (p.694).

[296] No mesmo sentido, cfr. Michal Bohaczewski, *op. cit.*, p.874.

[297] *Oberster Gerichtshof*, 22/9/09, caso 17 0b 15/19v.

[298] J. Schovbo, *op. cit.*, p. 578.

Um indicador neste sentido parece decorrer da importante decisão da *Cour de Justice Benelux* no caso "Damn Perignon"[299], que acolhendo a jurisprudência do TJUE fixada no caso "The Bulldog" e *atendendo ao teor do Considerando 27 da DM*[300], afastou o entendimento restritivo acolhido anteriormente no caso "Claeryn/Klarein"[301] e determinou que "a liberdade artística constitui um justo motivo no sentido do artigo 2.20.2. d) da CBPI para o uso de um sinal idêntico ou semelhante à marca, com finalidade diferente da de distinguir produtos ou serviços, se a expressão artística constituir o resultado original de um processo criativo que não vise causar prejuízo à marca ou ao seu titular"[302].

[299] Decisão da *Cour de Justice Benelux*, de 14/10/19, proferida no proc. A 2018/1/8, entre Moët Hennessy Champagne Services e Cedric Art (https://www.courbeneluxhof.be/arresten/FR/A/A_18_1_1528.pdf). Os factos subjacentes ao litígio foram, resumidamente, os seguintes: A Moët Hennessy Champagne Services produz e comercializa champanhes, sendo titular de várias marcas (nominativas, figurativas, mistas) «Dom Pérignon». Cédric Peers é um artista que incorporou várias marcas «Dom Pérignon» numa coleção de pinturas – «Damn Perignon Collection» [que se poderá traduzir por «Maldita Coleção Perignon»] – que criou, expõe e vende na *Internet*. A Moët Hennessy Champagne Services intentou uma ação, no *Tribunal de Commerce de Bruxelles*, para proibir o uso daqueles sinais. Todavia, este tribunal submeteu duas questões prejudiciais à *Cour de Justice Benelux*, consistindo a primeira em determinar se a liberdade de expressão, e em particular a liberdade artística, tal como garantida pelo art. 10.º da CEDH e pelo art. 11.º da CDFUE, pode constituir um "justo motivo" no sentido do art.2.20.1.d da *Convention Benelux em matiére de propriété intellectuelle* [CBPI].
A *Cour de Justice Benelux* acabou por não responder à segunda questão prejudicial, que respeitava aos critérios para apreciar o equilíbrio entre esses direitos fundamentais, por ter respondido afirmativamente à primeira como é referido no texto. Sublinha-se ainda que, apesar de a questão prejudicial respeitar à interpretação do disposto no art. 2.20.1.d, a *Cour de Justice Benelux* referiu-se à norma que atualmente lhe corresponde (sem alterações) – o art. 2.20.2.d, explicitando ainda que, apesar de o conceito em apreciação estar incluído numa norma que acolheu a faculdade prevista no art. 10.º, n.º6 da DM (a proteção da marca de prestígio relativamente a usos *com outras finalidades que não a distintiva*), o iria interpretar em sintonia com o conceito que surge no art. 2.20.2.c (sobre a proteção da marca de prestígio face a utilizações por terceiros *com finalidade distintiva*), que transpôs o disposto no art. 10.º, n.º2, al.ª c) DM e, como tal, tendo em conta a jurisprudência do TJUE nesta matéria (n.º6 do Acórdão citado).

[300] V. n.º8 da Decisão citada.

[301] Sobre este caso, v. *supra* nota 27.

[302] V. n.º10 da Decisão citada. A decisão do Tribunal seguiu o sentido das Conclusões,

Contudo, também aqui são necessárias as cautelas que referimos, no ponto anterior, a propósito do equilíbrio entre os diferentes direitos fundamentais previstos na CDFUE, no âmbito da interpretação dos limites (gerais) conferidos ao direito de marca.

3.3. Os eventuais limites externos ao direito de marca

Importa ainda aludir, muito brevemente, à posição daqueles que advogam a necessidade de se recorrer a limites externos. A questão coloca-se com maior premência relativamente à possível aplicação das normas da concorrência desleal e das práticas comerciais desleais (e, em particular, da publicidade comparativa).

O Considerando 40 da DM estabelece que esta Diretiva não deverá excluir a aplicação às marcas de disposições do direito dos Estados-membros que não estejam abrangidas pelo direito das marcas, tais como disposições relativas à concorrência desleal, à responsabilidade civil ou à defesa dos consumidores. Porém, a possibilidade de recurso a limites decorrentes de institutos jurídicos alheios ao Direito de Marcas tem sido recusada pelo TJUE.

Com efeito, no caso "Nathan"[303] este Tribunal declarou, referindo-se ao regime jurídico ainda na vigência da DM-08, que "um órgão jurisdicional nacional não pode, no quadro de um litígio relativo ao exercício do direito exclusivo conferido por uma marca, limitar esse direito exclusivo de uma maneira que ultrapasse as limitações decorrentes dos referidos artigos 5.° a 7.° [que correspondem, *grosso modo*, aos atuais arts. 10.°, 14.° e 15.°]"[304].

Não obstante, alguns autores sustentam que, na medida em que instrumentos nacionais de correção (como o abuso de direito ou as normas

apresentadas neste caso, pelo Advogado-Geral Dirk Thijs, em 12/2/19, v. proc. A 2018/1/4 (https://www.courbeneluxhof.be/arresten/FR/A/A_18_1_1531.pdf). Considerando que resulta desta decisão a prevalência da liberdade de expressão sobre o direito de marca, cfr. Dirk Visser/Pauline Springorum, "Trademarks in works of art are allowed", *Leidenlawblog*, 11/11/2019 (https://leidenlawblog.nl/articles/trademarks-in-works-of-art-are-allowed).

303 V. o n.° 55 do Ac. TJUE, proferido no caso «Nathan».

304 No mesmo sentido, cfr., entre nós, Nuno Sousa e Silva, op. cit., p. 456, referindo-se, especificamente, à concorrência desleal.

que reprimem a concorrência desleal) podem ser vistos como mecanismos que assegurem os direitos e liberdades fundamentais, não deve ser precludida a sua aplicação em situações excecionais, com base em considerações de justiça e de equidade, quando os instrumentos internos do direito de marcas não sejam suficientes[305].

[305] Ł. ZELECHOWSKI, *op. cit.*, p. 133.
Em sentido diferente, cfr., entre nós, NUNO SOUSA E SILVA, *op. cit.*, pp. 350 e s., que referindo-se, especificamente, aos casos em que não estejam preenchidos os requisitos da tutela das marcas de prestígio, defende que, "face à natureza excecional do regime das marcas de prestígio e à sua difícil fundamentação, se impõe uma resposta negativa [à questão da aplicação da concorrência desleal]".

CONSIDERAÇÕES FINAIS

O progressivo alargamento do âmbito de proteção do direito de marca, aqui demonstrado, de um modo especial, com o exemplo da tutela conferida à marca de prestígio, não é inócuo para o interesse dos concorrentes, dos consumidores e o interesse público geral, exigindo a previsão de limites que assegurem o equilíbrio do sistema. A opção pela sua concretização, desde logo entre limites no âmbito do Direito de Marcas ou externos a este, tem dividido a doutrina.

Começámos por procurar, no próprio Direito de Marcas, de que forma é que o almejado equilíbrio pode ser atingido: se pelas normas que estabelecem os requisitos de que depende a verificação de uma violação daquele direito e/ou pelas disposições normativas que lhe estabelecem limites.

Efetuado este estudo, pensamos que, não obstante a ampliação dos limites aos direitos conferidos pela marca, decorrente da consagração de um princípio geral de admissibilidade do uso referencial da marca, desde que em conformidade com as práticas honestas em matéria industrial e comercial, na DM atualmente em vigor, e a previsão do «justo motivo» poder inibir alguma proteção excessiva do titular da marca de prestígio, o equilíbrio dos interesses em confronto neste domínio parece ainda não estar suficiente ou adequadamente assegurado.

Com efeito, cremos que é necessária uma interpretação (mais) rigorosa dos requisitos de que depende a qualificação de um ato como violação da marca (cingindo-a ao uso que tenha lugar na vida comercial e a título de marca, i.e., ao uso da marca por terceiro para diferenciar os seus próprios produtos ou serviços). Esta é a via que consideramos preferível, por acentuar que os direitos exclusivos são a exceção e as utilizações livres a regra. Admitindo-se, porém, que esta possa não vir a ser acolhida na prática, não se exclui em absoluto que o objetivo identificado possa passar também por uma (re)interpretação dos limites do direito de marca, que salvaguarde o efeito útil de todos os direitos e liberdades fundamentais envolvidos, ainda que sem juízos apriorísticos de prevalência absoluta de nenhum, assim se procurando evitar também desequilíbrios em sentido inverso. Este parece-nos ser o caminho que o Direito de Marcas deve seguir para manter a sua essência, unidade e coerência.

Outra via possível poderia passar (ou ter passado) pela consagração da tutela da marca de prestígio não no âmbito do Direito de Marcas, mas da Concorrência Desleal, no quadro de uma aproximação legislativa deste instituto que, como é sabido, (ainda?) não se concretizou e que não sabemos se conseguiria resolver todos os problemas que a extensão da tutela da marca (que não se limita à proteção da marca de prestígio, ainda que tenha sido este o caso aqui considerado) suscita. Porém, este seria o início de uma outra Lição...

BIBLIOGRAFIA CITADA

ABREU, JORGE M. COUTINHO DE, *Curso de Direito Comercial*, Vol. I, 12.ª ed., 2019.

—, *Curso de Direito Comercial*, Vol. I, 1.ª ed., Almedina, Coimbra, 1998.

ALMEIDA, ALBERTO RIBEIRO DE, "Marca de prestígio, marca notória e acordo ADPIC/TRIPS", in: AA. VV., *Direito Industrial*, Vol.VI, Almedina, Coimbra, 2009, pp.65-82.

AMORIM, ANA CLARA AZEVEDO DE, *A tutela da lealdade nas relações de mercado – a propósito do ilícito publicitário*, Almedina, Coimbra, 2017.

ASCENSÃO, JOSÉ DE OLIVEIRA, *Concorrência Desleal*, Almedina, Coimbra, 2002.

BALLARD JR., JONATHAN O., "The proper application of nominative fair use in trademark law: why International Information Systems Security Certification Consortium, Inc. v. Security University, LLC sets the preeminent standard", *Loyola of Los Angeles Law Review*, 51 (2018), pp. 523-538.

BARATTA, ROBERTO, "Complexity of EU Law in the domestic implementing process", *The Theory and Practice of Legislation*, 2 (2014), pp.293-308.

BAUMBACH/HEFERMEHL, *Warenzeichenrecht*, 12.ª ed., Verlag C.H. Beck, München, 1985.

BAUMER, LUDWIG, "International legislative history within the framework of WIPO, and the recognition and protection of famous and well-known marks", in: AA. VV., *Famous and well-known marks (an international analysis)* (dir. Frederick Mostert), Butterworths, London, 1997, pp. 140 e ss.

BEEBE, BARTON, "The suppressed misappropriation origins of trademark antidilution law: the Landgericht Elberfeld's Odol Opinion and Frank Schechter's The Rational Basis of Trademark Protection", in: *Intellectual Property at the Edge: The Contested Contours of IP* (eds. Rochelle Cooper Dreyfuss/Jane C. Ginsburg), Columbia University, New York, 2014, pp. 59-80 (disponível para consulta em https://papers.ssrn.com/sol3/papers.cfm?abstract_id=2283391).

—, "A defense of the new federal trademark antidilution law", *Fordham Intellectual Property, Media & Entertainment Law Journal*, 16 (2006), pp. 1143-1171.

Bohaczewski, Michal, "Conflicts between trade mark rights and freedom of expression under EU Trade Mark Law: reality or illusion?», *IIC*, 51 (2020), pp. 856-877.

Bone, Robert G., "Schechter's ideas in historical context and dilution's rocky road", *Santa Clara High Technology Law Journal*, 24 (2012), pp. 469 e ss. (disponível para consulta em https://digitalcommons.law.scu.edu/chtlj/vol24/iss3/2).

—, "A skeptical view of the Trademark Dilution Revision Act", *Intellectual Property Law Bulletin of the University of San Francisco Law School*, 11 (2007), pp. 187-198 (disponível para consulta em: https://papers.ssrn.com/sol3/papers.cfm?abstract_id=1081339).

Braun, A., *Précis des Marques*, 2.ª ed., Larcier, Bruxelles, 1987.

Burrel, R./Gangjee, D., "Trade marks and freedom of expression: a call for caution", *The University of Queensland, TC Berine School of Law Legal Studies Research Paper Series* 10-05 (2010).

Callman, Rudolf, "Unfair competition without competition", *TMR*, 37 (1947), pp.175 e ss.

Carvalho, Américo da Silva, *Direito de Marcas*, Coimbra Editora, Coimbra, 2004.

—, *Marca comunitária – os motivos absolutos e relativos de recusa*, Coimbra Editora, Coimbra, 1999.

Carvalho, Maria Miguel, "Artigo 254.º", in: Aa. Vv., *Código da Propriedade Industrial Anotado* (Coord. Luís Couto Gonçalves), Almedina, Coimbra, 2021, pp. 989-995.

—, "Artigo 249.º", in: Aa. Vv., *Código da Propriedade Industrial Anotado* (coord. Luís Couto Gonçalves), Almedina, Coimbra, 2021, pp.962-972.

—, "A tutela da marca de prestígio no novo Código da Propriedade Industrial Português", *ADI*, 40 (2019-2020), pp. 359-370.

—, "Os requisitos da imitação de marca (a propósito do caso «Super Porto»)", in: Aa. Vv., *Estudos de Direito Intelectual em Homenagem ao Prof. Doutor José de Oliveira Ascensão – 50 anos de vida universitária* (Coords. Dário Moura Vicente *et al.*), Almedina, Coimbra, 2015, pp.983-996.

—, "A utilização descritiva da marca", *RDI*, 2 (2014), pp. 77-94.

—, "As funções da marca e a jurisprudência do TJUE", *RDI*, 1 (2014), pp.251-270.

—, "Anotação do n.º2 do art. 17.º", in: Aa. Vv., *Carta dos Direitos Fundamentais da União Europeia Comentada* (coords. Alessandra Silveira/Mariana Canotilho), Almedina, 2013, pp.226-231.

—, "A marca de prestígio à luz da jurisprudência comunitária", *ADI*, 33 (2012-2013), pp. 357-372.

—, "A protecção jurídica da marca segundo o Acórdão «L'Oréal" [Comentário do Acórdão do TJCE (1.ª S.) de 18 de Junho de 2009, caso «L'Oréal/Bellure»], *ADI*, 30 (2009-2010), pp. 653-661.

—, *A marca enganosa*, Almedina, Coimbra, 2010.

—, *Merchandising de Marcas (A comercialização do valor sugestivo das marcas)*, Almedina, Coimbra, 2003.

Cernadas Lázare, Marta, *La dilución de la marca de renombre*, Marcial Pons, Madrid, Barcelona, Buenos Aires, São Paulo, 2019.

Chorão, Luís Bigotte, "Notas sobre o âmbito da concorrência desleal", *ROA*, 55 (1995), pp. 741 e ss.

Coelho, Gabriel Pinto, "A protecção da marca notória e da marca de reputação excepcional", *RLJ*, ano 92.º (1959), n.ºs3142 e ss.

—, *Lições de Direito Comercial*, Lisboa, 1957.

—, "A proteção da marca «notoriamente conhecida»", *RLJ*, ano 84.º, n.ºs 2958-2960, pp. 163 e ss.

—, "A protecção da marca notória e o Congresso de Bruxelas de 1954 da A.I.P.P.I.", *BFDUC*, Vol. XXXI (1955), pp. 1 e ss.

—, "O problema da protecção da marca quando usada por terceiro para produtos não identificados nem similares", *BFDUC*, Vol. XXX (1954), pp.1-31.

Curto Polo, Mercedes,"El inexistente *lapso* logico en la protección de la marca renombrada. Comentario a la sentencia de Justicia de las Comunidades Europeas de 9 de enero de 2003, Davidoff & Cie SA, Zino Davidoff SA c. Gofkid Ltd.", *Revista General de Derecho Europeo*, 1 (2003), pp.1-12.

Di Cataldo, V., "The trade mark with a reputation in EU law – Some remarks on the negative condition "without due cause"", *IIC*, 42 (2001), pp. 833-845.

Dinwoodie, Graeme B., "Dilution as unfair competition: european echoes", in: *Intellectual Property at the Edge: The Contested Contours of IP* (eds. RC Dreyfuss/ JC Ginsburg), Cambridge University Press, Oxford, 2013 (disponível para consulta em http://ssrn.com/abstract=2249044).

—, "The rational limits of trademark law (2000)", in: *U.S. Intellectual Property: law and policy (2002), plus 2005 postscript* (ed. H. Hausen), Edward

Elgar Publishing, 2006 (disponível em https://works.bepress.com/graeme_dinwoodie/27/).

Dinwoodie, Graeme B./Janis, Mark D., "Confusion over use: contextualism in Trademark Law", *Iowa Law Review*, 92 (2007), pp. 1597-1667.

—, "Lessons from the trademark use debate", *Iowa Law Review*, 92 (2007), pp 1703-1721.

Dogan, Stacey L./ Lemley, Mark A., "Grounding Trademark Law Through Trademark Use", *Iowa Law Review*, 92 (2007), pp. 1669-1701.

Domingues, Luís Pedro, "Marcas notórias, marcas de prestígio e acordo ADPIC/TRIPS", in: Aa. Vv., *Direito Industrial*, Vol. VII, Almedina, Coimbra, 2010, pp.153-237.

Dreyfuss, Rochelle Cooper, "Reconciling Trademark Rights and Expressive Values: How to Stop Worrying and Learn to Love Ambiguity", *Trademark Law and Theory: A Handbook of contemporary research* (eds. Graeme B. Dinwoodie/ Mark D. Janis), Edward Elgar Press, 2008, pp. 261 e ss. (= New York University, Law and Economics Research Paper No. 06-39).

Farley, C. H., "Trademark dilution law: what's behind the rhetoric?", *Fordham Intell. Prop. Media & Ent. L.J.*, Vol. XVI (2006), pp. 101-113.

Fernández-Nóvoa, *Fundamentos de Derecho de Marcas*, Editorial Montecorvo, Madrid, 1984.

Fernández-Nóvoa/Otero Lastres/Botana Agra, *Manual de la Propiedad Industrial*, Marcial Pons, Madrid, Barcelona, Buenos Aires, 2009.

Ferraz, Maria Ana/Guerra, Filipe, "Artigo 11.° – Liberdade de expressão e de informação", in: *Carta dos Direitos Fundamentais da União Europeia Comentada* (coords. Alessandra Silveira/Mariana Canotilho), Almedina, Coimbra, 2013, pp. 156 e ss.

Fezer, K-H, "Markenschutzfähigkeit der Kommunikationszeichen (§§ 3 und 8 MarkenG) und Kommunikationsschutz der Marken (§§ 14 und 23 MarkenG) – Die funktionale Kennzeichenrechtstheorie als Perspektive des „L'Oréal"-Urteils des EuGH", *WRP* (2010), pp. 165-181.

Fhima, Ilanah Simon, *Trade Mark Dilution in Europe and the United States*, Oxford University Press, Oxford, 2011.

—, "The trade mark defences meet copyright: fair use or three step test", *Queen Mary Journal of Intellectual Property*, 4 (2014), pp. 297 e ss.

—, "Normative and honest practices in industrial and commercial matters – a very European history", *IPQ*, 117 (2007), pp. 22 e ss.

FRANKLYN, DAVID J., "Debunking dilution doctrine: Toward a coherent theory of the anti-free-rider principle in American Trademark Law", *Hastings L. J.*, 56 (2004-2005), pp. 117-168 (disponível em: https://repository.uchastings.edu/cgi/viewcontent.cgi?article=3572&context=hastings_law_journal).

GANGJEE, DEV/BURRELL, ROBERT, "Because you're worth it: L'Oréal and the prohibition on free riding", *The Modern Law Review*, 73, (2010), pp. 282-295.

GARCÍA PÉREZ, RAFAEL, *La expansión del derecho de marca – De la marca como indicación de la procedência empresarial a la multifuncionalidad jurídica de la marca*, Marcial Pons, Madrid, Barcelona, Buenos Aires, São Paulo, 2021.

GARCÍA VIDAL, ÁNGEL, "El uso de la marca ajena con una finalidad diferente a la de distinguir productos o servicios", *ADI*, 23 (2002), pp. 337-361.

GEIGER, C., "Implementing intellectual property provisions in human rights instruments: towards a new social contract for the protection of intangibles", in: *Research Handbook on Human Rights and Intellectual Property* (ed. Christophe Geiger), Edward Elgar, Cheltenham, UK; Northampton, MA, 2015, pp. 661 e ss. (= Max Planck Institute for Innovation & Competition Research Paper No. 14-10).

—, "'Constitutionalizing' Intellectual Property Law? The Influence of Fundamental Rights on Intellectual Property in Europe", *IIC*, 37 (2006), pp. 371-385.

—, "Fundamental Rights, a Safeguard for the Coherence of Intellectual Property Law?", *IIC*, 35 (2004), pp.268-280.

GEIGER, CHRISTOPHE/IZYUMENKO, ELENA, "The constitutionalization of intellectual property law in the EU and the Funke Medien, Pelham and Spiegel Online decisions of the CJEU: Progress, but still some way to go!", *IIC*, 51 (2020), pp.282-306.

GIELEN, C. / STROBEL, B., "The Benelux Trademark Law in Europe", *TMR*, 96 (1996), pp. 543-575.

GILSON, JEROME, "A federal dilution statute: is it time?", *TMR*, 83 (1993), pp.109 e ss.

GINSBURG, JANE C., "Intellectual property as seen by Barbie and Mickey: the reciprocal relationship of copyright and trademark law»", *Journal of the Copyright Society of the USA*, 65 (2018), pp.245 e ss. (= *Columbia Public Law Research Paper No.* 14-567 (2017)).

Gonçalves, Jorge Novais, "A marca prestigiada no direito comunitário das marcas – a propósito da oposição à marca comunitária", in: Aa. Vv., *Direito Industrial*, Vol. V, Almedina, Coimbra, 2008, pp. 310-368.

Gonçalves, Luís Couto/Trabuco, Cláudia/Carvalho, Maria Miguel, "Capítulo XI – Propriedade intelectual", in: Aa.Vv., *Direito da União Europeia – Elementos de Direito e Políticas da União* (coords. Alessandra Silveira/Mariana Canotilho/Pedro Madeira Froufe), Almedina, Coimbra, 2016, pp.647-720.

Gonçalves, Luís Couto, *Manual de Direito Industrial*, 9.ª ed., Almedina, Coimbra, 2022.

—, "A "marca" do Tribunal de Justiça no Direito de Marcas", in: Aa. Vv., *Estudos em Homenagem à Professora Doutora Isabel de Magalhães Collaço*, Vol. II, Almedina, Coimbra, 2002, pp.79-93.

—, *Função Distintiva da Marca*, Almedina, Coimbra, 1999.

Grinvald, Leah Chan, "Shaming trademark bullies", *Wisconsin Law Review*, (2011), pp. 625-689.

Grynberg, Michael, "Things are worse than we think: trademark defenses in a "Formalist" age", *Berkeley Technology Law Journal*, 24 (2009), pp. 897-970.

Guglielmetti, Giannantonio, *Il marchio celebre o «de Haute Renommée»*, Giuffrè Editore, Milano, 1977.

Handler, Michael, "What can harm the reputation of a trademark? A critical re-evaluation of dilution by tarnishment", *TMR*, 106 (2016), pp. 639-692.

Jütte, Bernd Justin/Quintais, João, "The Pelham Chronicles: Sampling, Copyright and Fundamental Rights", *JIPLP*, 16 (2021), pp. 213–225 (= https://papers.ssrn.com/sol3/papers.cfm?abstract_id=3775599).

Kaiser/Scheuerer, "The Impact of Fundamental Rights on European Copyright Law – Opinion on the CJEU Decisions C-516/17 'Spiegel Online' and C-469/17 'Funke Medien'", *GRUR Int.*, (2019), pp. 1153-1160 (= *Max Planck Institute for Innovation & Competition Research Paper No. 21-03*).

Klimas, Tadas/Vaitiukait, Jflrate, "The law of recitals in European Community legislation", *ILSA Journal of International & Comparative Law*, 15 (2008), pp. 1-33.

Kur, Annette, "Trademarks function, don't they? CJEU jurisprudence and unfair competition", *IIC*, 45 (2014), pp. 434–454 (=*Max Planck Institute for Innovation and Competition Research Paper No. 14-05*).

—, "Limitations and exceptions under the three-step test – how much room to walk the middle ground?", in: *Intellectual Property Rights in a fair world trade system*, Edward Elgar, Cheltenham, UK; Northampton, MA, 2011, pp. 208-261.

Ladas, Stephen P., *Patents, Trademarks and Related Rights – National and International Protection*, Vol. II, Harvard University Press, Cambridge, Massachussets, 1975.

Lee, Nari, "Public domain at the interface of Trade Mark and Unfair Competition Law – the case of referential use of trade marks", in: *Intellectual Property, Unfair Competition and Publicity – Convergences and Developments* (eds. Nari Lee/Guido Westkamp/Annette Kur/Ansgar Ohly), Edward Elgar Publishing, 2014, pp. 309 e ss. (disponível para consulta em: https://papers.ssrn.com/sol3/papers.cfm?abstract_id=2057604).

Lehmann, M., "Unfair use of and damage to the reputation of well-known marks, names and indications of source in Germany. Some aspects of Law and Economics", *IIC*, 17 (1986), pp. 754 e ss.

Leitão, Adelaide de Menezes, *Estudo de direito privado sobre a cláusula geral de concorrência desleal*, Almedina, Coimbra, 2000.

Leonini, *Marchi famosi e marchi evocativi*, Giuffrè Editore, Milano, 1991.

Locke, John, *Two Treatises of Government*, II, Awnsham and John Churchill, London, 1968.

Lovejoy, Britt N., "Tarnishing the dilution by tarnishment cause of action Starbucks Corp. v. Wolfe's Borough Coffee, Inc. and V Secret Catalogue, Inc. v. Moseley, compared", *Berkeley Technology Law Journal*, 26 (2011), pp. 623-654.

Marques, J. P. Remédio, *Direito Europeu das Patentes e Marcas*, Almedina, Coimbra, 2021.

—, "Propriedade intelectual – tendências globais", *BFDUC*, LXXXIV (2008), pp. 269 e ss.

Massaguer Fuentes, "La protección jurídica de las marcas notórias e renombradas en la Ley de Marcas de 2001", *ADI*, 22 (2001), pp. 143-179.

McCarthy, Thomas, "Dilution of a trademark: European and United States Law compared", *TMR*, 94 (2004), pp.1163-1181.

Mendes, Oehen, *Direito Industrial* I, Almedina, Coimbra, 1983-1984.

Middleton, George E., "Some reflections on dilution", *TMR*, 42 (1952), pp. 175 e ss.

Montiano Monteagudo, *La Protección de la marca renombrada*, Editorial Civitas, Madrid, 1995.

Morcom, "Extending protection for marks having a reputation: what is the effect of the decision of the European court of justice in Davidoff v Gofkid?", *EIPR*, 25 (2003), pp. 279-282.

Mylly, Tuomas, "The Constitutionalization of the European Legal Order: Impact of Human Rights on Intellectual Property in the EU", in: *Research Handbook on Human Rights and Intellectual Property* (ed. Christophe Geiger), Edward Elgar, 2015, pp. 103-131.

Ohly, Ansgar, *Free-riding on the repute of trade marks – does protection generate innovation?*, pp.7 e s. (disponível para consulta em: e https://papers.ssrn.com/sol3/papers.cfm?abstract_id=3223325).

Olavo, Carlos, *Propriedade Industrial*, Vol.I, 2.ª ed. atualizada, revista e aumentada, Almedina, Coimbra, 2005.

Pattishall, Beverly W., "The dilution rationale for trademark – trade identity protection, its progress and prospects", *TMR*, 67 (1977), pp. 607 e ss.

Paúl, Jorge Patrício, *Concorrência Desleal*, Coimbra Editora, Coimbra, 1965.

Ramsey, Lisa/Schovsbo, Jens, "Mechanisms for limiting trademark rights to further competition and free speech", *IIC*, 44 (2013), pp. 671-700.

Rato, Gonçalo Moreira, *La protection des marques notoires et de haute renomée au Portugal*, Université Robert Schuman, Strasbourg, 1988.

Rendas, Tito, *Exceptions in EU Copyright Law: in search of a balance between flexibility and legal certainty*, 2020 (disponível para consulta em: http://hdl.handle.net/10400.14/31440 [Exceptions in EU Copyright Law: in search of a balance between flexibility and legal certainty, Wolters Kluwer, 2021]).

Rierson, Sandra L., "The myth and reality of dilution", *Duke Law & Technology Review*, 11 (2012), pp. 212-312 (disponível para consulta em: https://ssrn.com/abstract=1952671).

Sakulin, W., *Trademark protection and freedom of expression: an inquiry into the conflict between trademark rights and freedom of expression under European, German, and Dutch law*, 2010 (disponível para consulta em: https://hdl.handle.net/11245/1.393053 [publicada como *Trademark protection and freedom of expression*, Wolters Kluwer, 2011]).

Sattler, A., *Emanzipation und Expansion des Markenrechts. Die Entstehungsgeschichte des Markengesetzes von 1995*, Mohr Siebeck, Tübingen, 2015.

Schechter, Frank, "Fog and fiction in trade-mark protection", *Columbia Law Review*, 36 (1936), pp. 60-87.

—, "The rational basis of trademark protection", *Harvard Law Review*, 40 (1927), pp. 813 e ss. (republicado em *TMR*, 60 (1970), pp. 334 e ss.).

SCHOVSBO, J., «"Mark my words" – trademarks and fundamental rights in the EU», *UC Irvine Law Review*, 8 (2018), pp. 555-581.

SCHRICKER, "Protection of famous trademarks against dilution in Germany", *IIC*, (1980), pp. 166 e ss.

SENFTLEBEN, M., "Vigeland and the status of cultural concerns in trade mark law – The EFTA Court develops more effective tools for the preservation of the public domain", *IIC*, 48 (2017), pp. 683-720.

—, "Free signs and free use – How to offer room for freedom of expression within the trademark system", *Research Handbook on Human Rights and Intellectual Property* (ed. C. Geiger), Edward Elgar Publishing, 2015, pp. 354-376.

—, "Function theory and international exhaustion – why it is wise to confine the double identity rule to cases affecting the origin function", *EIPR*, 36 (2014), pp. 518-524.

—, "Adapting EU trademark law to new technologies: back to basics?", in: *Constructing European Intellectual Property: Achievements and new perspectives* (ed. C. Geiger), Edward Elgar Publishing, 2013, pp.137-176.

—, "Public domain preservation in EU Trademark Law – A model for other regions?", *TMR*, 103 (2013), pp. 775-827.

—, "Trade mark protection – a black hole in the Intellectual Property Galaxy?", *IIC*, 42 (2011), pp.383 e ss.

SENFTLEBEN, MARTIN/BENTLY, LIONEL/DINWOODIE, GRAEME/GEIGER, CHRISTOPHE/GRIFFTHS, JONATHAN/KUR, ANNETTE/OHLY, ANSGAR/PEUKERT, ALEXANDER/RICOLFI, MARCO/SCHOVSBO, JENS/WECKSTRÖM, KATJA/ZELECHOWSKI, LUKAS, *Recommendation on measures to safeguard freedom of expression and undistorted competition law in EU Trade Mark Law*, pp. 3 e ss. (disponível em https://papers.ssrn.com/sol3/papers.cfm?abstract_id=2496351).

SERENS, M. NOGUEIRA, *A monopolização da concorrência e a (re)emergência da tutela da marca*, Almedina, Coimbra, 2007.

—, "Aspectos do princípio da verdade", *BFDUC*, Volume Comemorativo (2003), pp. 577 e ss.

—, "A «vulgarização» da marca na Directiva 89/104/CEE, de 21 de Dezembro de 1988 (*id est*, no nosso direito futuro)", in: *Separata do número especial do BFDUC – «Estudos em Homenagem ao Prof. Doutor António Arruda Ferrer Correia»*, 1984, Coimbra, 1995.

Silva, Nuno Sousa e, *Concorrência Desleal e Propriedade Intelectual – Os atos de aproveitamento*, Almedina, Coimbra, 2020.

Silva, Pedro Sousa e, *Direito Industrial – Noções Fundamentais*, 2.ª ed., Almedina, Coimbra, 2019.

—, "O princípio da especialidade das marcas. A regra e a excepção: as marcas de grande prestígio", *ROA*, 58 (1998), pp.377 e ss.

Silveira, Alessandra/Abreu, Joana Covelo, "Artigo 13.º – liberdade das artes e das ciências", in: *Carta dos Direitos Fundamentais da União Europeia Comentada* (coords. Alessandra Silveira/Mariana Canotilho), Almedina, Coimbra, 2013, pp.181 e ss.

Silveira, Alessandra, "Artigo 51.º – Âmbito de aplicação", in: *Carta dos Direitos Fundamentais da União Europeia Comentada* (coords. Alessandra Silveira/Mariana Canotilho), Almedina, Coimbra, 2013, pp.572-589.

—, "Implicações nos litígios entre particulares resultantes da horizontalidade dos princípios gerais/direitos fundamentais protegidos pela União Europeia", *CDP*, 32 (2010), pp.3-21

Simon, David A., "The confusion trap: rethinking parody in trademark law", *Washington Law Review*, 88 (2013), pp. 1021-1101.

Sloane, Peter, "Trademark bullying: legitimate problem or passing fad?", *World Trademark Review*, (2013), pp. 59-62.

Vanzetti, Adriano, "Equilibrio d'interessi e diritto al marchio", *RDComm.*, 1960, parte prima, pp. 254 e ss.

Vicente, Dário Moura, *A tutela Internacional da Propriedade Intelectual*, 2.ª ed., Almedina, Coimbra, 2019.

Visser, Dirk/Springorum, Pauline, "Trademarks in works of art are allowed", *Leidenlawblog*, 11/11/2019 (https://leidenlawblog.nl/articles/trademarks-in-works-of-art-are-allowed).

Zelechowski, Łukasz, "Invoking freedom of expression and freedom of competition in trade mark infringement disputes: legal mechanisms for striking a balance", *ERA Forum*, 19 (2018), pp. 115-135.

Zlinkoff, Sergei S., "Monopoly versus competition: significant trends in patent, anti-trust, trademark, and unfair competition suits", *Yale Law Journal*, 53 (1944), pp. 514 e ss.

ÍNDICE